Arriesgar es lo natural

Arriesgar es lo natural

Una pedagogía del riesgo para la vida cotidiana de nuestros niños y adolescentes

Katia Hueso

Plataforma
Editorial

Primera edición en esta colección: abril de 2026

© Katia Hueso, 2026

© de la presente edición: Plataforma Editorial, 2025

Plataforma Editorial
c/ Muntaner, 269, entlo. 1.ª – 08021 Barcelona
Tel.: (+34) 93 494 79 99
www.plataformaeditorial.com
info@plataformaeditorial.com

Depósito legal: B 6255-2026
ISBN: 979-13-88080-14-2
THEMA: JN

Printed in Spain – Impreso en España

Diseño de cubierta:
Silvia Ponce Diaz-Reixa

Realización de cubierta:
Grafime, S.L.

Fotocomposición:
gama, sl

El papel que se ha utilizado para imprimir este libro proviene
de explotaciones forestales controladas, donde se respetan
los valores ecológicos y sociales, y el desarrollo sostenible del bosque.

Impresión:
Romanyà Valls
Capellades (Barcelona)

Índice

Presentación

«La victoria aguarda a aquel que tiene todo en orden; suerte, lo llama la gente. La derrota está asegurada para aquel que se ha olvidado de tomar las precauciones necesarias en el tiempo; y a eso le llaman mala suerte».

ROALD AMUNDSEN

Cualquier padre o madre reconocerá la sensación. La primera vez que mandé a mi hija mayor a comprar el pan sola, no me llegaba la camisa al cuerpo. Bien es cierto que ese encargo implicaba caminar tres kilómetros y cruzar una carretera, o sea que en mi caso estaba, hasta cierto punto, justificado. Pero cuando volvió, lo hizo con tanta tranquilidad y desparpajo, que lo primero que pensé fue que por qué no se lo había pedido antes. ¡Ella hizo que pareciera tan fácil! En otros lugares, los niños de su edad —unos ocho años, creo recordar— ya van solos al colegio, viajan en transporte público y, en otras culturas, cocinan y cuidan de sus hermanos, así que no debía sorprenderme. ¿Qué nos sucede en España, que tenemos tan poca fe en nuestros hijos? ¿O es falta de confianza en el entorno? ¿Están justificados esos temores? Las estadísticas nos dicen que no, pues el mundo —así, en general— es un lugar más seguro que hace cincuenta años. Salvo que vivamos en determinadas zonas de conflicto, riesgo ambiental o tengamos mala suerte, nuestros hijos están más seguros de lo que estuvimos nosotros a su edad.

Pese a ello, en algunos sitios, las familias cuyos hijos trepan a un árbol reciben una amonestación o incluso una denuncia por el supuesto peligro al que están exponiendo a sus vástagos. En cambio, en otros, se fomenta tal actividad y se elogia a quienes lo hacen. Dar a un niño de tres años una navaja para tallar madera es, a los ojos de muchos, una locura, pero para otros es un acto de responsabilidad pedagógica, siempre y cuando se haga siguiendo unos pasos formativos previos. Mientras que las leyes, las políticas y la sociedad en general demandan el riesgo cero en cualquier actividad, lugar o situación, hay un colectivo cada vez mayor de padres y educadores que ven peligro no en el riesgo como tal, sino en su eliminación de la vida cotidiana. Criar, educar a los niños entre algodones los hace más frágiles que nunca.

Y si nos asusta mandarlos a comprar el pan, qué será cuando se tengan que enfrentar a desafíos mayores: hacer su primer viaje solos o superar algún percance en la calle; o tal vez incluso actuar en caso de emergencia, sin adultos presentes. De vez en cuando sale en la prensa el caso de un niño pequeño que avisa al 112 y salva a algún familiar. Pero también sabemos de chavales, ya mayores, a los que les cuesta telefonear a alguien de su confianza. Y de muchas situaciones ni nos enteraremos: está en la naturaleza del adolescente ocultar a los adultos vivencias de cierto riesgo físico o emocional, de falta de control que acaban en un suspiro aliviado por lo que podría haber pasado y por suerte no sucedió. Sabedores de que esas situaciones van a darse, queramos o no, debemos ofrecer herramientas a nuestros hijos para que puedan afrontarlas y salir airosos sin nuestra ayuda.

El análisis y gestión de riesgos es un instrumento muy utilizado en los más diversos ámbitos de la vida. Esta herramienta es habitual en la empresa: quieren asegurar que su reputación, sus finanzas o sus relaciones comerciales no sufran las consecuencias de situaciones imprevistas y toman medidas de control y mitigación de daños, si los hubiere. En el entorno laboral, es bien conocida la disciplina de la prevención de riesgos, para proteger al empleado de los riesgos a los que se enfrenta en su puesto de trabajo. El mundo de la medicina lo emplea para evaluar la validez de un ensayo clínico o valorar si compensa intentar un tratamiento o intervención. En la gestión del territorio, es importante medir y prevenir riesgos naturales, muchos de los cuales amenazan con ser cada vez más frecuentes y catastróficos a causa del cambio climático (olas de calor, incendios forestales, inundaciones). Quizás un ámbito menos evidente es la gestión del riesgo en el entorno familiar, más allá de los consabidos seguros de vida, hogar o coche.

El riesgo en la familia no se circunscribe a tener la casa «asegurada contra incendios». Tiene que ver más bien con cómo preparamos a nuestros hijos para que sean personas autónomas, resilientes y responsables, tanto en el futuro como ya ahora, y cómo superamos los pequeños desafíos del día a día sin sufrir sobresaltos por ello. Este libro va de eso, de los riesgos de la vida cotidiana que nos afectan a todos y para los que cada vez estamos peor preparados. El texto ofrece un marco teórico para entender por qué es mejor abrazar algunos riesgos y evitar otros, mientras que ofrece consejos para abordarlos de manera sistemática e inteligente. Otro tipo de referencias que se pueden encontrar sobre el tema se van al extremo opuesto. Relatan los riesgos que han afrontado personas con vidas poco convencionales: deportistas, exploradores, neurocirujanos, corresponsales de guerra, francotiradores, espías. Nos hablan de complejos procesos de planificación, preparación física y mental, técnicas de visualización y una cierta dosis de adrenalina. Supongo que, en comparación, hablar de riesgos en la vida cotidiana puede ser un poco soporífero. Por eso, muchos autores se centran en restarles importancia. Tratan de convencernos de que son cifras bajas, que no tenemos tanto de qué preocuparnos. No obstante, no me siento cómoda con esa connotación siempre negativa del riesgo. Estos datos, estas experiencias nos invitan a domarlo y a alejarlo, más que a entenderlo y aprovecharlo. Por eso, en este libro he preferido centrarme en el lado bueno del riesgo, aquel que nos aporta beneficios en la vida familiar y personal. En cómo elegir la dosis adecuada, en cómo ajustar el termostato del riesgo para sacarle el máximo partido.

Pienso que tenemos una responsabilidad colectiva para con los niños, que garantice que puedan vivir como personas independientes, conscientes y solidarias. La vida en una familia que abraza el riesgo debería ser tranquila y emocionante, al mismo tiempo, para que la angustia que viene pareja con la paternidad se disipe como la niebla bajo el sol y que ver a los niños crecer, desafío a desafío, sea un gozo. Quiero centrar la atención de este libro en las ventajas del riesgo, mediante su aplicación en los banales actos de la vida diaria. Dedico especial atención a la infancia, entendiéndola como una etapa de la vida en la que sus protagonistas tienen plena dignidad, bastante más autonomía de la que queremos darles y todo el ánimo de aprender a ser y a hacer «cosas de mayores». Sin embargo, no me olvido de la familia en conjunto, de los hijos mayores, de la vida familiar fuera de la casa, en la escuela y en la calle.

Propongo por todo ello un cambio de mirada, que quite a la idea de riesgo las connotaciones negativas que suele tener. Evitarlo o, incluso, ocultarlo debajo de la alfombra no solo no cambia su naturaleza (o, si acaso, gana en *peligrosidad*), sino que refuerza esa imagen negativa que le damos. En este libro, quiero iluminarlo con una luz amable que nos permita cosechar los beneficios que nos da. Reflexiono sobre la importancia de ver el riesgo como una oportunidad de crecimiento y desarrollo, como un contrapunto positivo a la idea de peligro, en vez de ser entendido como un sinónimo de este. Asumir riesgos se fundamenta en la idea de que se aprende más de los fallos que de los aciertos; de que frustrarse muchas veces da más herramientas para la vida que conseguir algo a la primera. Es cierto que de la adversidad se aprende más que del éxito, pero hay que saber. Veremos que los riesgos llevan aparejados ventajas, que hacen que valga la pena correrlos. No solo por el resultado final de una acción, sino por el proceso de llevarla a cabo, desde su concepción hasta su ejecución. La clave, por tanto, está en saber medir y dosificar el riesgo para que no se vaya de las manos. Veremos, por tanto, cómo podemos enfrentar a nuestros vástagos o discípulos al riesgo sin perder la cabeza por ello. Desde el nacimiento a la adolescencia y más allá, la vida cotidiana es un constante desafío, por lo general de baja intensidad, lleno de aprendizajes útiles que tienen que ver con cómo agrandamos los límites de nuestra zona de confort. No explorar esas fronteras invisibles de nuestra experiencia vital supone quedarnos anquilosados, atrapados en un eterno día de la marmota en el que todo a nuestro alrededor cambia, excepto nosotros, a la inversa de lo que sucede en la película. La psicóloga Judith Locke lo denominó «criar niños bonsái», aunque yo me quedo con la imagen de una semilla que no germina, una especie de muerte en vida. Todo el potencial de una persona puede verse mermado sin las oportunidades y los desafíos adecuados. ¿Qué vida va a tener esa persona en el futuro?

La exposición al riesgo requiere de un carácter metódico y analítico, habilidades de planificación, capacidad de adaptación, resiliencia y tolerancia a los cambios y mucho autoconocimiento. La preparación, anticipación y capacidad de reacción se entrenan. Pero también son herramientas imprescindibles la intuición y la experiencia. La intuición se puede cultivar, si sabemos escuchar, observar y extrapolar. Las experiencias previas, adquiridas progresivamente, son excelentes cimientos para acompañarla. Muchos de los ejemplos que ilustran este libro vienen del mundo del deporte y la aventura, por lo ejemplarizantes que resultan, por un lado, y sencillamente por ser más conocidos. También los hay de mi vida personal, seguramente más cercanos a ese paradigma de clase media al que me refería antes. Pienso que es igual de meritorio aquel que sale de su zona de confort para mejorar en su profesión, para ayudar a otros o para ofrecer mejores oportunidades de vida a su familia, por lo que «no hay riesgo malo». Estaríamos haciendo dejación de responsabilidad si no permitimos que esas habilidades referidas arriba, riesgo mediante, se adquieran desde la más tierna infancia.

Desde la profunda, fría y ancha noche castellana,
21 de noviembre de 2024

1.
Qué es el riesgo

«La necesidad es la madre de correr riesgos».

MARK TWAIN

Es notoriamente difícil definir el riesgo, por la incertidumbre que lleva pareja y las connotaciones, tanto positivas como negativas, que le otorgamos. El campo semántico del riesgo se solapa con el de la amenaza o el peligro. Una de las grandes diferencias entre riesgo y peligro es que este último ocurre en el presente, es decir, está delante de nosotros, sucede en el momento. El riesgo, en cambio, es un futurible, de su manejo depende si se convierte en un peligro o en un beneficio. Es una bifurcación que conduce a uno o a otro, según lo manejemos. Ambos conceptos flotan en un líquido amniótico común, pues denotan algo incierto y oculto. Riesgo y peligro van parejos del caos, el desorden, lo dionisíaco. El riesgo está donde y cuando debe, latente, a la espera de cómo actuemos frente a él. Se podría expresar matemáticamente como la suma de una situación —el contexto humano o natural, lo que ya existe— y un acto —lo que hacemos con ese contexto, la decisión personal—, mediado por una relación, es decir, la actitud que tenemos hacia el riesgo y lo que influye en nuestra decisión hacia él. Si lo miramos desde un punto de vista sensorial, afectivo o religioso, el riesgo es la tentación que nos hace incurrir en él. Es la promesa de placer, de emoción, de una recompensa inmediata y satisfactoria, aunque luego haya consecuencias no tan apetecibles. Es también una actitud y un comportamiento que nos conecta con nosotros mismos a un nivel más profundo. De forma consciente e inconsciente, aprendemos a conocernos a través del riesgo.

Una de las cualidades del riesgo es su fugacidad, el «instante decisivo». Anne Dufourmantelle, filósofa y psicoanalista, nos habla de lo que sucede en el momento que existe el reconocimiento de un riesgo y la decisión de cómo actuar frente a él. Hay un lapso de suspensión animada, que puede durar cualquier cosa entre una fracción de segundo y la eternidad. No es una pausa en el tiempo ni es un instante de incertidumbre, porque, aunque aún no haya sucedido nada, ya hay una decisión tomada, fruto del reconocimiento ya realizado. Es solo que nadie sabe aún cuál es esa decisión, porque está transitando desde la duda hacia la certeza.

Por deterministas que parezcan estas afirmaciones, el riesgo está íntimamente ligado a la libertad, somos los últimos responsables de las decisiones que tomamos frente a él. Es solo que nuestra actitud y, por tanto, decisión, está tomada antes de ser conscientes de ello. Tiene más que ver con la actitud hacia la vida en general, el cómo nos posicionamos ante la incertidumbre. Hay mucho de carácter, una buena dosis de intuición y algo menos de razón. Debemos apropiarnos del riesgo, considerarlo un compañero de viaje que nos acompañará hasta nuestro último aliento, dicen Andrea Marcolongo y colaboradores.[1] Desde luego, así fue en el caso de Dufourmantelle, que murió ahogada a los 53 años tratando de salvar a dos niños que tenían dificultades para salir del agua en una playa cercana a Saint Tropez, en la Costa Azul, por un cambio brusco del tiempo. Su muerte fue sin duda fiel a su pensamiento sobre el riesgo: «Cuando uno admite sus miedos y que la vida no es eterna, la confianza puede renacer de esta vulnerabilidad», dijo en una entrevista, «es un riesgo estar vivo, pocos seres lo están».[2] La incertidumbre es una parte esencial del riesgo y, por tanto, de la vida. Se trata de reconocer su existencia y actuar teniendo en cuenta que no todo está bajo nuestro control, pero sí sabiendo nuestros límites. Dufourmantelle, sin duda, pensó que salvaría a esos chicos, pero ese margen de incertidumbre la abocó al fracaso en su misión.

La pasión es la sustancia misma del riesgo, es lo que permite imaginar, asombrarse, decepcionar o impresionar. La indiferencia apaga todo el interés del riesgo, mientras que la

1. Marcolongo, A., Franceschi, P., y Finaz, L. (2023). *Le goût du risque*. Grasset, París, p. 9.

2. Dufourmantelle, A. (2020). *Elogio del riesgo*. Nocturna Argentina, Buenos Aires. La entrevista fue publicada por el diario *Libération* el 14 de septiembre de 2015.

pasión lo ilumina. Es la vida misma que se nos aparece desnuda, es el salto al vacío, la partida hacia lo desconocido, la oportunidad de que algo nuevo y bueno suceda. Para ella —y concuerdo plenamente— no existe el riesgo cero: sin riesgo la vida perdería su esencia, su hálito. No habría motivación, deseo, esfuerzo, pasión ni recompensa. Tampoco habría sufrimiento o dolor, que hagan de contrapunto. Ni amistad, afecto, amor. Sería un estado mortífero, sin luces ni sombras, que nos convertiría en autómatas.

El peligro es una de las posibles materializaciones del riesgo, siendo el otro el beneficio, del que hablaré más adelante. Ambos son por igual inciertos. La diferencia es que uno interesa y el otro no. Parafraseando al filósofo Laurent De Sutter,[3] se podría considerar el riesgo y el peligro como una enfermedad autoinmune, que nos ataca desde dentro. En los primeros estadios, la emoción más común asociada al riesgo, precisamente por esa proyección temporal, es la preocupación. Si nos dejamos deslizar por esta pendiente conceptual, las respuestas irán subiendo de intensidad. De la preocupación pasaremos, en imperceptibles incrementos, a la angustia, a la ansiedad, al miedo, al temor y al pánico, lugar desde el que ya quedamos paralizados y sin capacidad de respuesta.

Incluso ese estadio inicial, el de la preocupación, ya implica una barrera para la gestión. El imaginario popular

---

3. En su interesante opúsculo: De Sutter, L. (2024). *Elogio del peligro*. Herder, Barcelona.

está lleno de aforismos sobre la inutilidad de la preocupación. Uno de mis favoritos es: «La ocupación desplaza a la preocupación y los problemas, al enfrentarlos, desaparecen». Se trata, pues de transformarla en acción. Es cierto que preocuparse es una actividad de alto coste y bajo rendimiento; la acción aumenta significativamente el rendimiento. Lo que esto quiere decir no es que nos olvidemos de los riesgos; lo que hay que hacer es aprender a reconocerlos, a valorarlos y saber cómo gestionarlos. Por eso me gusta decir que la principal diferencia entre riesgo y peligro es, en realidad, el conocimiento. Decía Sun Tzu:[4] «Si no conoces ni al enemigo ni a ti mismo, sucumbirás en cada batalla».

Algunos autores entienden ese conocimiento como el fruto de la experiencia, a partir de la exposición controlada y acompañada a determinadas situaciones. En actividades u oficios físicos, la memoria muscular nos salvará de cometer errores de principiante. En otras de índole más intelectual, la memorización y el ensayo ayudan. En algunos trabajos son necesarios los protocolos, que permiten entrenar y repetir acciones que se convierten en automatismos, en tareas que van en una secuencia lógica que, cuando queda interrumpida, exige parar y elegir un camino diferente. Se puede entender ese conocimiento como el conjunto de saberes, teóricos y prácticos, vicarios o vivenciados, que debe tener

---

4. Sun Tzu (2018). *El arte de la guerra*. Dojo ediciones, Móstoles (Madrid).

una persona antes de enfrentarse a cualquier riesgo, personal o profesional.

La hiperespecializada sociedad en la que vivimos hace que sea más fácil contratar los servicios de alguien con ese conocimiento que adquirirlo nosotros. Disponemos de toda clase de asistentes, mentores, asesores, consejeros y figuras similares que hace que incluso nos dé miedo ir a comprar un conjunto de ropa sin una opinión cualificada. Tenemos una creciente incapacidad para afrontar los riesgos y tomar responsabilidad de nuestras acciones. Demandamos de papá Estado que nos proteja de ellos mediante normativas, medidas de seguridad, advertencias, etc. En las franquicias de comida rápida o en conocidas cadenas de café nos sirven las bebidas calientes en un recipiente que advierte de las posibles quemaduras si bebemos o tocamos su contenido antes de tiempo. Cayó también en mis manos un prospecto con las instrucciones de seguridad para el uso de un taburete, que incluye diversos iconos de advertencia como los que se ven a la entrada de una obra. Y algunos disfraces de superhéroe advierten que la capa «no da la capacidad de volar». Ejemplos no faltan...

Asombra que nos tengan que hacer este tipo de advertencias, cuando estamos mucho mejor formados, informados y con mejor calidad de datos que nunca. Ahí puede estar el problema: la información no es lo mismo que el conocimiento. Tenemos que ser capaces de transformar esos datos (probabilidades, mapas de riesgos, advertencias) en un conocimiento útil para nuestra vida diaria, para tomar las decisiones adecuadas en cada momento. Debemos saber interpretar los datos, entresacar la información de calidad entre todo el ruido mediático y los intereses que lo emborronan. Por no hablar de las temidas falsas noticias, las interferencias que causa el uso indiscriminado de la inteligencia artificial y la manipulación de los *tecnobros,* algoritmo mediante, cada vez más ligados a las estructuras de poder político. Hay que procesar la información de manera limpia, transparente e imparcial, mediante mirada y pensamiento crítico. Es decir, transformar la información en conocimiento, para que, ojalá, se alcance la sabiduría.

Etimología del riesgo

Estoy divagando y sigo sin una definición precisa del término «riesgo». Una consulta al *Diccionario de la Real Academia* arroja como acepción principal «contingencia o proximidad de un daño». Sus sinónimos son «peligro, amenaza, ventura, risco», mientras que su antónimo es «seguridad». La palabra viene al parecer del árabe *rizq,* que significa «lo que depara la providencia». Según el *Breve Diccionario Etimológico de Corominas,* comparte origen con «risco», es decir, una peña alta, como los acantilados que amenazan a las embarcaciones. Las palabras homógrafas inglesa y francesa para peligro, *danger,* tienen un origen común con *dominus,* el «amo del *domus*» o casa, en latín. Es decir, «peligro» y «dominio» tienen un origen común. Quién domina a quién, ya es otra cosa.

Como se ve, las connotaciones son a todas luces negativas. El riesgo se asocia al daño, es sinónimo de peligro, lo cual denota una necesidad imperiosa de evitarlo, sin ambages. No obstante, la tesis de este libro es clara: un riesgo es la probabilidad de que algo suceda y las consecuencias pueden ser perniciosas o ventajosas, en función de cómo se gestione en primera instancia. Hay, por tanto, un elemento de suerte, de azar, que no controlamos. Por eso se insiste tanto en la idea de la probabilidad. La palabra «azar» proviene del árabe *zahr*, que significa «dado». Este es el origen del vocablo francés *hasard*, que significa «coincidencia, serendipia, destino», pero también «riesgo o peligro». En inglés, *hazard*, sin embargo, significa únicamente «riesgo y peligro». Curiosamente, las lenguas germánicas expresan esta última palabra con una raíz relacionada con los viajes que, como es bien sabido, son una fuente inagotable de sucesos (*die Gefahr* en alemán, del verbo *fahren* o «conducir»; *gevaar* en neerlandés, de *varen* o «navegar»), o con la prisa, otra actividad «de riesgo» (*fart*, «velocidad» en sueco, sin duda comparte raíz con *fara*, «peligro»). En fin, que hay un campo semántico impreciso para todas estas ideas, en las que confluyen suerte, peligro y riesgo.

Características del riesgo

Una de las dificultades conceptuales del riesgo es que es algo que afecta a todos los ámbitos de la vida y puede presentar características muy diversas. Como dice De Sutter, «todo lo que tiene una consecuencia conlleva un riesgo»,[5] incluso la inacción. No asumir un riesgo o no gestionarlo es también una decisión que tiene consecuencias. Todo en la vida tiene riesgo, se puede decir que la vida en sí es una actividad de riesgo que indefectiblemente acaba con la muerte. La cuestión es alargarla lo que se pueda, minimizando o controlando las dosis de riesgo. Por ello, para facilitar su descripción, comprensión y análisis, se puede uno apoyar en nueve pares de características,[6] que ilustro con ejemplos propios. Todas ellas pueden tener un lado negativo, que es por lo general el más conocido, y uno positivo, tal vez menos vistoso porque no siempre lo relacionamos con la exposición al riesgo:

- *Voluntario / involuntario*: podemos enfrentarnos a un riesgo por elección, por ejemplo, al practicar un determinado deporte o tener una profesión que nos exponga a él. O, de forma más esporádica, cuando visitamos un barrio con mala prensa o compramos un décimo de lotería. Hay otros, sin embargo, con los que nos encontramos sin querer o están muy por encima de nuestro poder de influencia: una catástrofe natural, un conflicto armado o un ERE en la empresa en la que trabajamos. O, viéndolo en positivo, que nos recluten para

---

5. De Sutter. *Op. cit.*
6. Obtengo esta lista de Fisschhoff, B., y Kadvany, J. (2013). *Riesgo. Una breve introducción*. Alianza Editorial, Madrid.

un trabajo o abran un colegio nuevo en el barrio justo cuando lo necesitamos.

- *Inmediato / en diferido*: hay riesgos que dan resultado al instante, mientras que otros lo harán transcurrido un tiempo. Si nos tiramos de un trampolín, caeremos al agua, y si nos acercamos a un fuego, nos quemaremos. Pero fumar es un riesgo cuyas consecuencias no se notarán hasta mucho más adelante. Lo mismo sucede con el cambio climático o si no alimentamos bien a nuestros hijos, las consecuencias pueden tardar una generación en aparecer. Los beneficios en diferido se ven peor aún, porque no los asociamos a un riesgo o este quedó tan atrás, que no establecemos una relación causa-efecto entre ellos. Por ejemplo, hacer deporte, viajar, aprender un oficio... que son beneficiosos para nuestra salud y bienestar, pero exigen un esfuerzo.

- *Conocido / desconocido para quien lo asume*: la persona que se enfrenta a un riesgo no tiene por qué saber que lo está haciendo. Podemos meter el pie en un agujero que no es visible, comer un alimento contaminado o iniciar una relación de pareja con alguien que nos puede hacer daño. Es imposible conocer y calibrar todos los riesgos a los que nos exponemos a diario. No saldríamos de casa, y aun así, no estaríamos libres de ellos, pues dentro del hogar también los hay. A veces ese riesgo desconocido se transforma en lo que interpretamos como un golpe de suerte, por ejemplo, encontrar a nuestra media naranja en un viaje.

- *Conocido / desconocido para la ciencia*: pese al vasto conocimiento científico actual, es normal que se ignore la existencia de algún riesgo. Así ha sucedido con muchos efectos de los que no hemos sabido hasta hace poco, como el tabaco o el cambio climático. Ejemplos más recientes son los BPA o los PFAS,[7] sustancias que se usan en envases para alimentos y menaje de cocina. A medida que se han comprendido sus efectos sobre la salud, se han ido retirando del mercado. También la ciencia nos descubre los beneficios de riesgos cuya relación se desconocía, por ejemplo, la de estar activo en la naturaleza. Amén del disfrute en sí mismo, tiene innumerables ventajas a corto y largo plazo para la salud.

- *Nuevo / viejo*: hay riesgos más antiguos que la tos y otros que surgen a medida que aparecen nuevos inventos, sustancias o actividades. Entre los primeros, una infección, una intoxicación o un accidente por imprudencia, que siempre se han dado. Igual que la de disfrutar de sensaciones que nos producen la velocidad o las alturas. Entre los segundos, viajar en avión o ser víctima de ciberacoso no podían existir antes de que se inventaran los aviones o internet, pero a cambio nos conectan física y virtualmente con personas de todo el mundo.

7. El BPA o bisfenol A y las sustancias perfluoroalquiladas y polifluoroalquiladas (PFAS) son disruptores endocrinos, es decir, alteran el correcto funcionamiento de las hormonas. Se consideran además «químicos permanentes», es decir, no desaparecen del medio en el que se encuentran.

- *Crónico / agudo*: algunos riesgos pueden generar efectos intensos a corto plazo, es decir, agudos. Correr con un coche nos da un chute de adrenalina al instante, pero también es inmediato el resultado si nos estrellamos con él. Los efectos crónicos pueden darse desde el primer momento, pero la clave es que perduran y se acumulan a lo largo de la vida. El ejemplo más habitual es el consumo de sustancias cancerígenas, que poco a poco incrementan las probabilidades de desarrollar la enfermedad. Pero también lo es, en positivo, hacer deporte de manera regular. El riesgo de lesiones queda, por lo general, anulado por el beneficio crónico que supone para nuestro estado de salud.

- *Común / temido*: algunos riesgos son cotidianos mientras que otros son raros (en el sentido estadístico) y, por lo tanto, a veces más temidos. Un ejemplo clásico es el de los vehículos: tememos más al avión que al coche, cuando el primero es infinitamente más seguro. Otro ejemplo, del mundo natural, es que sentimos más miedo por el lobo, al que es raro que veamos en la montaña, mientras que es mucho más fácil que nos muerda un perro.

- *Mortal con certeza / no necesariamente mortal*: esta interesante dicotomía debería estar muy clara para todo el mundo, por lo que ponemos en juego. No se me ocurre ningún riesgo mortal que tenga beneficios. Por eso, en este caso, la actitud está clara con los primeros: evitarlos. Desde niños aprendemos las destrezas necesarias para ello, adaptadas a nuestro entorno. Los riesgos que no sean necesariamente mortales son todos los demás y podemos matizar cómo enfrentarnos a ellos.

* *Controlable / incontrolable*: hay toda una gradación en la capacidad que podemos tener de controlar un riesgo. Entre los más controlables, están aquellos que podemos decidir no asumir o hacerlo con todas las medidas de seguridad que creamos convenientes: escalar, pilotar un avión... Los incontrolables son aquellos sobre los que no podemos actuar más que alejándonos de ellos (una guerra, un desastre natural inminente) o adaptándonos a ellos (cambio climático). Cuanto mayor grado de control tengamos, mejor sabremos aprovechar sus beneficios.

A lo largo del libro, veremos numerosos ejemplos en los que se podrán reconocer estas características, con especial énfasis en los que afectan a nuestra vida personal y en familia. La utilidad de identificarlos estriba en que mejora nuestro conocimiento de ellos y, por tanto, nuestra capacidad de control. Así, maximizaremos el beneficio, al tiempo que minimizaremos el posible perjuicio que conllevan.

Clasificación de los riesgos

En el día a día, estamos acostumbrados a pensar en los riesgos para nuestra integridad física, tal vez también en los financieros o médicos que pueden afectar, respectivamente, al bolsillo o a la salud. Pero hay muchos otros, clasificables según la lente con la que los miremos (tabla 1). Lo más habitual es encontrar referencias a ellos en el ámbito profesional, es lo que el geógrafo John Adams define como «riesgos formales».[8] Es lo que atañe a la industria, el comercio, la defensa civil y militar, y el gobierno en general. Su objetivo es la reducción y eliminación del riesgo. Existe una disciplina que se dedica a la prevención de riesgos laborales, es decir, a cuidar de que el trabajador de una empresa no esté sometido a situaciones que puedan causar accidentes o daños, que los empresarios deben garantizar. Dentro de esta disciplina, la higiene industrial se ocupa de establecer protocolos y procedimientos operativos para que el trabajador tenga la formación adecuada para manejar maquinaria o procesos que puedan entrañar un peligro. Se obliga a que los aparatos en sí tengan elementos de protección que prevengan accidentes derivados de cortes, golpes, atrapamientos y similares, adecuadamente indicados mediante señalización estandarizada. Todos estamos más o menos familiarizados con ello, pues se ve en las obras que hay por la calle y en muchos aparatos eléctricos o mecánicos de uso doméstico. La ergonomía, por otro lado, se asegura de que mantengamos una higiene postural que evite sobrecargas, lesiones y dolores. Dentro de la prevención de riesgos laborales se da también mucha importancia a los aspectos psi-

8. Adams, J. (1995). *Risk*. Routledge, Londres.

cológicos, que deben protegernos del tedio, la repetición, el estrés o el acoso.

Asociamos el riesgo a ciertas profesiones que se mueven al filo de la navaja, como bomberos, fuerzas de seguridad, pesca en alta mar, pilotos, gruistas, etc. Son protagonistas de películas y series de televisión, en las que podemos sentir la adrenalina desde la comodidad de la butaca. Otra que es de alto riesgo, pero raramente imaginamos como tal, es la de agricultor. No sabe cómo saldrán las cosechas de un año para otro, los precios de su producto cambian con frecuencia y desconoce si recibirá subvenciones o no. No constituye material para una serie, pero viven más al filo aún, porque no controlan ese riesgo. En otras profesiones, quien lo sufre es el cliente, como sucede con los agentes de bolsa o los cirujanos. Esta última es de las profesiones que más suelen tratar con el riesgo. A diario tienen que tomar decisiones en función de la probabilidad de que una intervención salga bien, o deben explicar a sus pacientes esas probabilidades para que sean ellos quienes hagan su elección de la forma mejor informada posible.

En el mundo de la empresa, la palabra «riesgo» puede tener una cierta connotación positiva, cuando se asocia con emprendimiento o innovación. Pero también podemos hablar de riesgos financieros, que se refieren al movimiento de dinero entre empresas, o los riesgos legales, que es cuando nos movemos en los límites y huecos de la ley, de modo que, según se interprete, podemos quedar fuera de ella. También son notables los casos en los que se pone en riesgo la reputación de una empresa, por un error en su estrategia de marketing o de comunicación con sus clientes. Tratar de engañar al público suele salir caro: que se lo pregunten a Volkswagen con el caso conocido como el «Dieselgate», que le causó pérdidas considerables, tanto económicas como de confianza.

Este otro gran grupo de riesgos, los informales, según Adams, son los que encontramos en la vida en general. Están en todo lo que hacemos en nuestro día a día: comer, beber, moverse, cuidarse, amar. Para este tipo de riesgos, puede o no haber estrategia, pero son los que pueden reportar beneficios. Dado que muchas actividades informales o personales tienen lugar en contextos formales o públicos, en los que una autoridad superior vela por nuestra seguridad, puede haber conflictos de interés. Por mucho que nos guste la velocidad y tengamos un Lamborghini, no podemos correr en una carretera pública. A veces nos molestan las medidas de seguridad en estaciones y aeropuertos, que percibimos como exageradas, paternalistas e incluso humillantes (lo de medio desnudarse en el control de seguridad del aeropuerto, por ejemplo). En otros casos estamos encantados de que el Estado se ocupe de nuestro bienestar, garantizando, por ejemplo, que el agua del grifo sea limpia y segura.

Entre los riesgos personales más evidentes están los económicos, cuando decidimos firmar una hipoteca a treinta años, con las incertidumbres que semejante plazo conlleva. O cuando solicitamos un crédito, nos metemos en una inversión o avalamos a un amigo. Tenemos en este caso además una relación desigual con quien nos lo otorga, el banco, que gestiona el riesgo de manera profesional (lo evita) y, por tanto, siempre

«gana». De índole personal, pero con ese solapamiento desigual con lo profesional, son también las decisiones médicas,
la elección de un colegio para nuestros hijos o adoptar una
mascota. Así, muchas veces carecemos de criterio técnico para
afrontar un dilema médico. ¿Operar o no operar? ¿Qué tratamiento elegir? ¿Cómo distinguir la información veraz de la
que viene cargada de intereses comerciales?[9] Del colegio podemos obtener mucha información sobre el proyecto educa-
tivo, las instalaciones, el enfoque ético, opiniones de otras familias, pero desconocemos los dos factores más relevantes
para el bienestar de nuestros hijos: los maestros y los compañeros que van a tener. Elegimos tener una mascota porque es
un acompañante maravilloso: da cariño incondicional, es en-
tretenida y entrañable, no nos juzga y nos adora. Sin embargo, puede tener un pasado o un carácter que dificulte la relación con ella, y con una longevidad considerable, los perros o
los gatos vienen para quedarse hasta un par de décadas con
nosotros, por lo que no es una decisión baladí.

También las relaciones personales están llenas de riesgos,
en este caso emocionales. Una nueva pareja implica aceptar
o al menos adaptarse a las manías y costumbres de cada uno.
Se traduce también en la unión de ambas familias y, como
se suele decir, uno elige a sus amigos, pero no a su familia.

---

9. En mi libro *La naturaleza que nos cuida*, de esta misma casa,
ofrezco algunas pautas para distinguir el grano de la paja entre las terapias complementarias o alternativas que tanto abundan en la actualidad, como ejemplo de discernimiento informado.

Además, pasado el período de enamoramiento, ¿seremos capaces de seguir unidos? Si nos separamos, ¿estaremos solos el resto de nuestros días? ¿Qué hacemos con los niños? ¿Quién se queda el perro o la casa? De hecho, el mayor riesgo personal que asumimos es, precisamente, la crianza. La responsabilidad de traer un crío al mundo es cada vez más meditada y hay muchas parejas que desisten de ello.

Muchas actividades de ocio pueden conllevar un alto riesgo, como los deportes de motor, el buceo, la escalada, el paracaidismo, etc., en los que el practicante, por lo general joven y en plena forma, se juega el pellejo. A los demás nos fascinan sus relatos de conquistas imposibles y récords de vértigo, hitos que ni soñamos alcanzar y solo podemos admirar. Para otras actividades, el riesgo más habitual es el intelectual, es el combustible que las hace funcionar. Cualquier profesional liberal o talento creativo conoce la importancia de arriesgar con nuevas propuestas en la literatura, la música, el arte, la ciencia: son actividades que requieren de músculo cognitivo y de apuestas a veces fuera de los cánones, para mantenerse en el candelero, para prosperar, para ganar becas o financiar la siguiente propuesta.

Hay también riesgos éticos, que son los más difíciles de calibrar, porque además quedan a caballo entre lo individual y lo colectivo. Asuntos controvertidos hoy en algunos lugares como el matrimonio homosexual, la experimentación con animales o la eutanasia, fueron precedidos hace no muchos años por el debate en torno al derecho al divorcio o al aborto, aún no universales o incluso en retroceso. Hubo y hay gente que se atreve a abrir camino en estos asuntos, enfrentándose a dilemas de hondo calado cultural y espiritual, que dejan a pocas personas indiferentes. A veces uno debe tomar un camino poco convencional, en el que va a encontrar incomprensión, falta de apoyo e incluso resistencia. En su día, Rosa Parks creó un precedente, negándose a ceder su asiento en la zona reservada a los blancos de un autobús urbano de Montgomery, Alabama, en 1955. Y tantos otros ejemplos de personas que, hartas de sufrir injusticias, se levantaron (o sentaron, en el caso de Parks) para cambiar el mundo.

Tabla 1. Tipos de riesgos en función del ámbito en el que suceden[10]

Riesgos profesionales	Riesgos personales	Riesgos colectivos
Laborales	Físicos	Sociales
Médicos	Emocionales	Políticos
Financieros	Económicos	Naturales
Legales	Intelectuales	Ambientales
Reputacionales	Éticos	Existenciales

A mayor escala, hay riesgos que afectan al colectivo al que pertenecemos, a la localidad en la que vivimos o a la sociedad

10. Existen muchas clasificaciones, dependiendo del punto de vista que se use. Por ejemplo, Paul Hopkin, reputado experto en la materia, los clasifica en riesgos de cumplimiento, peligro, control y oportunidad, basándose en la relación del riesgo con su entorno social y legal, más útil para su gestión en el ámbito profesional. A efectos de esta obra, la tabla 1 ofrece una visión más intuitiva. Véase: Hopkin, P. (2017). *Fundamentals of risk management: Understanding, evaluating and implementing effective risk management.* Kogan Page Ltd, Londres.

en su conjunto. A escala local, el riesgo social más habitual es el relacionado con la pertenencia a un colectivo o sobre todo si se trata de grupos vulnerables o marginados. Igualmente, unirse a un colectivo nuevo, ya sea para tocar música, aprender pintura o hacer voluntariado en el banco de alimentos, nos genera una mezcla de emoción y ansiedad. ¿Cómo nos van a recibir? ¿Encajaremos en el grupo? Esto es aún mayor cuando nos mudamos a un nuevo vecindario. ¿Cómo serán los vecinos? ¿Nos llevaremos bien o habrá conflictos? La pertenencia o no a un colectivo inevitablemente conlleva sus riesgos sociales.

En un ámbito mayor, regional o incluso estatal, podemos hablar de los riesgos políticos. En el clima político actual, además, se nos exige posicionarnos sobre casi cualquier asunto. Incluso a aquellos que somos más bien discretos en nuestras manifestaciones, se nos tacha de indiferentes o equidistantes, que es casi peor que tener una opinión clara sobre algo, aunque sea contraria a la de los demás. Para el profesional de la política, el programa electoral de un partido es su tarjeta de presentación y su imán para los votos; elegir bien los posicionamientos, las palabras, las alianzas, es jugarse el futuro del partido. La corrupción, el tráfico de influencias, la prevaricación, son delitos en los que fácilmente incurren algunas figuras políticas, porque se confunde fácilmente lo personal y lo profesional.

En cuanto al entorno en el que vivimos, podemos ser víctimas de desastres ambientales o naturales. Los primeros son los causados por el ser humano, mientras que los segundos tienen su origen en fenómenos naturales. Los riesgos ambientales más comunes son la contaminación del agua o del aire, los vertidos tóxicos y la crisis climática. Contra ellos se puede actuar de forma individual, pero tanto o más eficaz es si lo hacemos de forma colectiva y coordinada. Las medidas de mitigación y adaptación al cambio climático, la normativa de calidad ambiental y las sanciones a las personas o empresas que contaminan son clave para mejorar nuestra reacción a estos riesgos, pero en lo personal podemos desistir de realizar ciertas acciones (usar el coche para todo) o consumir productos contaminantes. Los desastres naturales, en cambio, suceden de forma espontánea y es difícil reducir su frecuencia. Pensemos en terremotos, erupciones volcánicas o incluso el impacto de un meteorito. La única estrategia posible es estar preparados para reaccionar cuando suceda el evento, no solo como sociedad, sino también de forma individual. Desastres como la DANA de 2024 demuestran la importancia de tomar las riendas de nuestra propia seguridad.

Yéndonos al caso más extremo, podemos pensar en los riesgos existenciales, que son aquellos que amenazan con extinguir a la humanidad o, al menos, diezmarla significativamente. Este tipo de riesgos pueden ser muy diversos, pero es su escala e impacto lo que los hacen tan significativos. Pueden ser de origen humano, como una guerra nuclear, la inteligencia artificial fuera de control o un acto de bioterrorismo a gran escala. Pueden ser también de índole mixta, es decir, de origen natural, pero acelerado por la acción humana, como una pandemia, un cataclismo climático o una hambruna causada por la pérdida irreversible de biodiversidad. Finalmente están los riesgos puramente naturales, iguales que los que ya se llevaron por delante a los dinosaurios, como una supererupción volcánica o el impacto de un asteroide. A estos fenómenos se podría añadir incluso la invasión de una civilización extraterrestre, aunque por suerte esta queda prácticamente descartada por diversas razones.[11] Obviamente prevenir estos riesgos está muy por encima de lo que podemos hacer de forma individual, pero no está de más ser conscientes de que existen.

Independientemente de su tipología o características, no todos los riesgos tienen los mismos resultados a corto y largo plazo. También, aunque ya he indicado que el riesgo es un asunto de elección individual, cómo lo manejemos puede tener consecuencias para otros, incluso a escala social. La psicóloga Montserrat Gomà-i-Freixanet[12] establece una jerarquía de riesgos, desde los que tienen consecuencias prosociales hasta los que son antisociales. Entre los primeros están las profesiones de socorro y defensa, como bomberos, cirujanos o militares. En el otro extremo estarían las activi-

---

11. A quien le interese profundizar en el tema, le invito a leer las entrevistas o ver los vídeos del físico y profesor Brian Cox, en los que explica la paradoja de Fermi. Se trata de la aparente contradicción que hay entre la alta probabilidad de que existan otras civilizaciones inteligentes en el universo observable y la ausencia de evidencia de dichas civilizaciones, y menos aún de que vengan a visitarnos.
12. Gomà-i-Freixanet, M. (1995). «Prosocial and antisocial aspects of personality». *Personality and Individual Differences*, *19*(2), 125-134.

dades criminales, las prácticas sexuales de riesgo o la conducción temeraria. A mitad de camino estarían los amantes de los deportes de aventura. Siendo todas aquellas actividades con un nivel elevado de riesgo, ¿por qué elegimos unas u otras? Al parecer tendría que ver con ciertos rasgos de personalidad y cómo nos vinculan con él. En los tres colectivos hay sin duda una búsqueda de sensaciones, pero en el segundo, existe además un elevado grado de impulsividad, que no inhibe las acciones que pueden dañar a otros. En el primero, en cambio, se detecta un inconformismo con la sociedad y un deseo de transformarla mediante experiencias de riesgo, que en este caso ofrecen beneficios tanto individuales como colectivos. Así, el riesgo puede ser individual o colectivo, pero también lo pueden ser sus consecuencias.

Desmitificando el riesgo

Se diría que el neurocirujano Ben Carson es alguien que está familiarizado con el riesgo. Da fe de ello en sus diferentes libros, en los que abundan consejos útiles no solo para la práctica de la medicina sino para la vida diaria. Así, en su libro *Corre el riesgo*[13] ofrece una lista de las certezas más

---

13. Carson, B. (2014). *Corre el riesgo: Aprenda a identificar, elegir y vivir con un riesgo moderado*. Ed. Vida, Madrid. Se ha hecho también una película sobre su vida: *El mundo en sus manos* (Thomas Carter, 2009).

habituales en torno al riesgo, que me gustaría comentar y matizar un poco desde mi punto de vista:

1. *Todo es arriesgado*: no hay más que echar un vistazo a las redes sociales para darse cuenta de que lo más arriesgado para la vida es... vivir. No se puede hacer deporte, comer, tomar medicamentos, trabajar, tener hijos, sin riesgo. Pero es que se nos presentan de forma indiscriminada, como si pasear fuera igual de arriesgado que escalar el Everest. Tenemos que saber distinguir qué riesgos vale la pena evitar, y en cuáles basta con vigilar. Otros habrá que manejarlos.

2. *Cuanto más sabemos, más nos preocupamos*: tener más datos no significa incrementar el riesgo de que algo suceda; simplemente lo podemos calcular con mayor precisión. La previsión meteorológica de mi infancia tenía la fama de no acertar nunca. Hoy en día sabemos cuánto y a qué hora va a llover, y si se equivoca, nos llama la atención. Otra cosa es el uso que hagan los medios y las redes de esa información, amplificándola hasta la saciedad y cayendo en el sensacionalismo.

3. *Muchos riesgos no merecen la preocupación*: con toda la información disponible, sabemos los riesgos que tiene casi cualquier actividad. Por ejemplo, el diario *As* publicó en 2018 una serie de infografías sobre los riesgos que presentan diversas actividades para nuestra supervivencia. Así, tenemos una probabilidad

entre 60 (¡muy alta!) de morir si hacemos salto BASE. Sin embargo, esto no me tendría que preocupar nada, porque no tengo intención de practicar esta modalidad deportiva. También nos dice que hay una probabilidad entre cien millones de morir durante un juego de mesa. La probabilidad es tan absurdamente baja, que no me voy a preocupar la próxima vez que saque el tablero y las fichas. Otro ejemplo nos lo ofrece la revista *National Geographic*: al parecer es más fácil morir por una máquina expendedora (1 entre 80 millones) que por el ataque de un tiburón (1 entre 265 millones).[14] Sin embargo, es este último el que nos da escalofríos con solo oírlo mencionar, cuando en 2022 solo murieron 5 personas en el mundo por esta razón.

4. *No podemos eliminar todos los riesgos*: en la vida no existe el riesgo cero, por mucho que las aseguradoras nos lo quieran hacer creer. No hay más que leer la letra pequeña de la póliza de cualquier seguro para darse cuenta de aquellas actividades de mayor riesgo y, por tanto, coste para estas. Suelen ser las excepciones en las coberturas que ofrecen. Los eventos de fuerza

---

14. Para quienes guarden un trauma de la película *Tiburón*, de Steven Spielberg, y estas cifras aún no les convenzan, la probabilidad de morir por un impacto de meteorito es de una entre 700 000 y la de que nos toque el gordo de la lotería, una entre 600 000. Es decir, ambas son unas 300 veces más probables que perecer por el ataque de un tiburón.

mayor, o catástrofes naturales, no suelen estar cubiertos. Saben que, tarde o temprano, van a suceder. Y en muchos casos, además, resultan muy difíciles de demostrar. En el otro extremo del espectro, no podemos eliminar todos los riesgos menores, los pequeños tropezones, percances e incidentes de bajo impacto. Todo progenitor primerizo conoce la sensación de tratar de evitar cualquier daño, por mínimo que sea, a su hijo. También es verdad que, cuando vamos por el tercer hijo, nos agobiamos mucho menos. Con la salud pasa algo parecido. No se trata de dejarse llevar por el alcohol, el tabaco y la grasa como si no hubiera un mañana, pero la vigorexia, ortorexia y otras -exias pueden causarnos tanta ansiedad que al final nos minan la salud por otro lado. De nuevo, se trata de saber qué riesgos son relevantes (tabaco, alcohol, colesterol) y cuáles podemos asumir con cierta tranquilidad y moderación. Cuestión de sentido común.

5. *Lo único que a veces podemos hacer es minimizar el riesgo*: en línea con el punto anterior, sabemos que no podemos bajar el riesgo a cero porque, por mucho que lo intentemos, es asintótico y nunca llegará ahí. Se trata, por tanto, de minimizarlo, y ahí entra el concepto de la gestión. Conociendo los riesgos, ¿qué podemos hacer para que sus consecuencias sean las menores posibles? Cuanto mejor conozcamos el riesgo, más fácil será de minimizar. Yo, que no sé nada de salto BASE, seguro que me estrello si no recibo una

formación adecuada. Pero si me acompañan expertos y me explican lo que debo hacer, poco a poco iré aprendiendo y manejando los diferentes riesgos. El conocimiento es clave.

6. *Cada uno debe decidir qué riesgos son aceptables*: la aceptabilidad del riesgo depende en gran medida del balance entre el posible impacto y, si existe, su beneficio. Un ejemplo que suelo poner es el de los viajes. A casi todo el mundo le gustan: uno cambia de aires, descansa, ve cosas nuevas, prueba comida diferente, etc. Los riesgos están asociados sobre todo a nuestro desconocimiento del lugar y nuestra vulnerabilidad como turistas. En ciertos sitios se nos ve como dólares con patas y, si somos mujeres que nos movemos solas, como algo más que una visitante. Por eso nos gusta viajar a lugares seguros y tratamos de evitar aquellos que no lo son. Como cada cual tiene su termostato del riesgo, lo que a unos les parece aceptable, a otros no. Lo mismo podemos pensar de una operación. Cuando las secuelas pueden ser peores que el resultado que se pretende, normalmente se nos aconseja no hacerla. A las personas mayores no se les suele intervenir de muchas patologías «operables», por el riesgo que supone meterlas en un quirófano o por la recuperación lenta y farragosa que podría suponer. Están también las terapias experimentales, cuando falla la medicina convencional, que uno acepta (o no) seguir a cambio de una promesa incierta

de recuperación. La información y la intuición son clave en estos casos.

7. *No todos los riesgos son malos*: ya el simple ejercicio de gestionar los riesgos a los que nos enfrentamos es una herramienta que nos hace cada vez más sabios y capaces. Afrontarlos, en vez de evitarlos, nos hace más fuertes, resilientes y vitales. Cuando conocemos el riesgo y lo manejamos —siguiendo el ejemplo de los viajes— podemos tomar precauciones, como tratar de pasar desapercibidos o evitar ciertos barrios, pero nos permite visitar un lugar que, de otra manera, habríamos descartado. Los riesgos menores son excelentes modos de entrenar todo tipo de habilidades blandas como tolerancia, flexibilidad, autonomía, toma de decisiones, empatía, cooperación. Cerrar la puerta a los riesgos nos convierte en seres cada vez más individualistas y temerosos, haciendo de nuestra vida una solitaria travesía por un miserable desierto social y emocional. Conociendo los riesgos, podemos hacer un ajuste más fino de su manejo y por tanto aprovechar los beneficios que nos dan las experiencias y aprendizajes que nos proporcionan.

8. *Todos vamos a morir, tarde o temprano*: pues sí, es un hecho incontestable de la vida. Sabiendo, pues, que nacer es una actividad con un riesgo de mortalidad del 100 %, está en nuestras manos escoger cómo queremos pasar el tiempo antes de que eso suceda. Ten-

dremos que elegir entre el miedo permanente y la temeridad inconsciente, ambas posturas garantes de una vida larga y triste o corta e intensa, respectivamente. O tal vez podamos tomar una posición intermedia que nos permita gestionar los riesgos con conocimiento de causa y, por tanto, maximizar sus beneficios, es decir, tener una vida larga, sana y feliz. Sí, la equidistancia está muy denostada en otros ámbitos, pero quizá sea la estrategia más inteligente en lo que a manejo del riesgo se trata.

Hay también, y en eso coincido con Carson, un exceso de información que hace que nos llame la atención el aparente incremento de la frecuencia de sucesos, cuando en realidad lo que ocurre es que estamos más expuestos a lo que acontece por simple sobredosis de medios y, además, lo estamos a una escala geográfica mayor, que antes pasaba desapercibida. Vemos también más rarezas, lo anecdótico, lo que hoy son ciberanzuelos y antaño se publicaban en *El Caso*.[15] Por eso, la palabra clave que aparece en mis comentarios a las verdades de Carson es «conocimiento». Es, de nuevo, lo que diferencia el riesgo y su potencial beneficio del peligro y su daño certero.

---

15. *El Caso* fue un semanario especializado en noticias de sucesos que se publicó en la segunda mitad del siglo xx.

Lo contrario de riesgo

Es fácil pensar que lo contrario de riesgo es seguridad, certeza, comodidad. Para mí, el antónimo de riesgo es responsabilidad. En nuestra cultura, este es un concepto elusivo. ¿Cómo vamos a ser responsables de un terremoto? ¿O de la temeridad de otra persona, que nos pone en riesgo a nosotros? Cierto, no podemos controlar muchos de los acontecimientos que nos afectan. Pero sí podemos actuar antes y frente a ellos. Muchos de los riesgos a los que nos enfrentamos son consecuencia de las relaciones y la acción humanas, como bien indicó Gomà-i-Freixanet. Bien porque están causados por otros seres humanos, bien porque nos ponemos en el camino de los riesgos naturales o bien porque desencadenamos una reacción en cascada que afecta a otros. Tenemos, por tanto, la responsabilidad de prepararnos y de actuar de la manera menos dañina posible para nosotros, para los demás y para nuestro entorno. La responsabilidad frente al riesgo es parte de ese conocimiento que evita que se materialice en forma de peligro. Un adecuado conocimiento —formación e información— hace que actuemos más temprano y con mayor eficacia ante los riesgos, pudiendo suponer la diferencia entre un final trágico o un final feliz. Tal fue el caso de Tilly Smith, una niña de diez años que salvó a un centenar de personas de morir ahogadas en el tsunami de diciembre de 2004 en la playa de Mai Khao, en Tailandia. La niña, que estaba en la playa con sus padres, había aprendido a identificar las señales de un tsunami[16] en una clase de geografía reciente. Al verlas en la playa, alertó a todos de que les venía encima el tsunami y les instó a buscar terreno elevado cuanto antes. Es la clase de conocimiento y responsabilidad que necesitamos para sacar el mejor partido a los riesgos.

16. Por si te pilla en algún momento, dos signos típicos a tener en cuenta son una subida o bajada rápida e inusual del nivel del agua y un rugido fuerte del océano, como si se acercara un tren de mercancías. En ese caso, gana elevación (sube a unos 30 metros sobre el nivel del mar o a los pisos más altos de un edificio) o aléjate de la costa (al menos a 1-2 kilómetros). Son consejos de la NOAA (Administración Nacional Oceánica y Atmosférica de los Estados Unidos).

2.
Cómo respondemos al riesgo

«¿Qué sería de la vida si no tuviéramos el valor de intentar algo nuevo?».

VINCENT VAN GOGH

Cómo percibimos el riesgo según nuestra cultura

En algunas escuelas en la naturaleza es costumbre regalar a los niños que se «gradúan» una pequeña navaja a la tierna edad de cinco o seis años. Si un maestro hiciera eso en una escuela infantil al uso acabaría seguramente en comisaría. ¿Por qué en algunos contextos esto es aceptable y en otros, inadmisible o incluso delictivo? De todos es sabido que cada persona mira el riesgo de forma diferente. Lo que para un bombero apagar un incendio o rescatar a una niña de un balcón, es un día más en la oficina, para otro es un evento traumático. La respuesta al riesgo varía enormemente de una persona a otra y, como veremos, está determinado por diversos factores. Pero hay otros condicionantes que están por encima de lo individual. Nuestra forma de reaccionar al riesgo está también determinada por nuestra cultura. El ya citado Adams vincula el modelo de los mitos de la naturaleza del ecólogo Crawford Stanley «Buzz» Holling a la teoría de la cultura del politólogo Michael Thompson[17] para obtener cuatro cosmovisiones arquetípicas, que influyen en la mirada cultural al riesgo (Holling fue, por cierto, el primer académico en acuñar el término «resiliencia», muy relacionado con el tema). Estas cuatro cosmovisiones tuvieron su paralelismo con la teoría cultural del riesgo de Douglas y Wildavsky,[18] previa a las anteriores, mediante la que distinguieron dos pares de dimensiones enfrentadas con respecto al riesgo: el individualismo (es decir, la defensa de la libertad individual) frente al comunitarismo (el apoyo a la acción colectiva) y el jerárquico (dejar las decisiones importantes en manos de expertos) frente al igualitarismo (la búsqueda de la igualdad). En la tabla 2 se describen las cuatro cosmovisiones en relación con su forma de ver el riesgo, siendo la última

17. El primer aspecto desarrollado en Holling, C. S. (1986). «The resilience of terrestrial ecosystems: local surprise and global change». En: W. Clark, y R. Munn (eds.). *Sustainable development of the biosphere.* Cambridge University Press, Cambridge, Reino Unido, pp. 292-317, y complementado más tarde por Schwarz, M., y Thompson, M. (1990). *Divided we stand: Redefining politics, technology, and social choice.* University of Pennsylvania Press, Estados Unidos. La teoría cultural está a su vez explicada en: Thompson, M., Ellis, R., y Wildavsky, A. (1990). *Cultural Theory.* Routledge, Londres.
18. Douglas, M., y Wildavsky, A. (1983). *Risk and culture: An essay on the selection of technological and environmental dangers.* University of California Press, Berkeley, Estados Unidos.

columna de mi propia cosecha. Desde esta perspectiva explico a continuación la relación entre estos tres aspectos, entendiendo los patrones culturales de Thompson y colaboradores como una evolución de la teoría cultural del riesgo.

Tabla 2. Cosmovisiones naturales y culturales y su actitud hacia el riesgo

Mitos de la naturaleza (Holling, 1986)	Teoría cultural del riesgo (Douglas y Wildavski, 1983)	Patrones culturales (Thompson *et al.*, 1990)	Actitud ante el riesgo (Hueso, 2026)
Naturaleza amable	Individualismo	Individualista	Autorregulación
Naturaleza perversa / tolerante	Jerárquico	Jerárquico	Hiperregulación
Naturaleza efímera	Comunitarismo / Igualitarismo	Igualitario	Consenso
Naturaleza caprichosa	N/A	Fatalista	Indiferencia

- *Autorregulación*: este modelo social es individualista y defiende con garra la libertad y la autodeterminación de las personas. Este perfil cree que la naturaleza es generosa y provee en abundancia, por lo que es capaz de tolerar la injerencia humana y recuperarse de los posibles impactos. La gestión de los riesgos se considera un asunto personal, donde prima la responsabilidad del individuo y el «sálvese quien pueda». Le gusta gestionar y dirigir, pero no que otros lo hagan por él, pero tampoco se mete en la vida de otros. Este enfoque está bien representado por el cliché del «hombre hecho a sí mismo», rico y poderoso, muy valorado en la sociedad estadounidense. Salvando las distancias, en Europa este modelo encaja con personas que viven de forma autónoma y desconectada, como se da en algunas comunas hippies.

• *Hiperregulación*: con un gran sentido de la jerarquía y la autoridad, este grupo favorece la regulación de todos los aspectos de la vida por parte de una entidad superior, electa o no. La pertenencia al grupo y el respeto a las reglas sociales es fundamental en este modelo. Perciben la naturaleza a la vez como perversa y generosa, según el trato que se le dé. Se pueden obtener recursos de ella, pero con cuidado de no abusar, para lo cual es necesario regular su manejo. Es, por tanto, un modelo de sociedad intervencionista, en la que los riesgos están caracterizados y regulados al máximo, siendo muy conservadora con los de nueva aparición. A este grupo pertenecerían los regímenes más burocráticos, reconocible por ejemplo en la Unión Europea o la antigua URSS.

• *Consenso*: esta actitud se encuentra en grupos sociales más o menos cohesionados, que abogan por una sociedad igualitaria y democrática en la que todos sus miembros tienen voz. No se basan en estructuras de gobierno convencionales, sino que confían en sistemas jerárquicos sencillos con líderes carismáticos. Consideran que la naturaleza es frágil y está dañada por la acción humana, por lo que la gestión debe estar orientada a su protección. La gestión de los riesgos es conservadora en cuanto al posible daño al entorno y se regula desde esa perspectiva, mediante la búsqueda de consenso entre los miembros del grupo. A este modelo pertenecerían ciertos ecologistas, algunas comunidades indígenas y otros activistas, pero también encajarían en él miembros de sectas religiosas.

• *Indiferencia ante el riesgo*: presentan esta actitud las sociedades de tipo fatalista, en las que el destino (o los dioses o, en cualquier caso, alguien muy por encima de sus cabezas) decide lo que les sucede. Asumen que la naturaleza es caprichosa e impredecible, no tiene sentido gestionarla para regular sus recursos y obtienen lo que pueden cuando pueden de ella. Los miembros de estos grupos sociales sienten que tienen muy poco control sobre sus vidas y aceptan lo que les venga con resignación. No pretenden aprender lecciones del pasado, porque bastante tienen con sobrevivir. Los riesgos, ya sean naturales o de otra índole, escapan a su análisis y manejo y no reflexionan sobre ello, simplemente viven al día. Suelen ser grupos marginados, o, en ciertas sociedades, las castas inferiores, personas refugiadas o desplazadas.

Como es evidente, esta clasificación es una representación hiperbólica de la realidad, que en verdad es más compleja y presenta estos aspectos de forma más matizada. En Occidente, se podría decir que tenemos una mezcla de hiperregulación y consenso. El primero sobre todo para los riesgos «formales» (según Adams) y el segundo, para los «informales». Crece, cada vez más, el modelo de autorregulación y existen sectores que responden al modelo de indiferencia en regiones o barrios más desfavorecidos. Lo que este marco conceptual nos presenta es una forma de aproximarse a los riesgos que deja poco margen al individuo, salvo en cuestiones muy personales. Este es el caso de las actividades de ocio, pero no tanto en los riesgos en los que intervienen profesionales, aunque deriven de decisiones personales (es decir, los riesgos médicos o económicos). La ventaja es que sí hay espacio para decidir en cuestiones tan claves como la crianza o incluso la educación, que también tiene sus puntos de encuentro con estas cuatro cosmovisiones.

El termostato del riesgo

Llevo ya algunos años impartiendo formación sobre pedagogía del riesgo aplicada a la educación, con actividades tan divertidas como fabricar juguetes con lo que encontremos por ahí o usar herramientas «peligrosas». Es interesante ver cómo la cara de sorpresa de un maestro de infantil, a quien propongo que sus alumnos trabajen con una herramienta «de verdad», se convierte poco a poco en una sonrisa pícara. Amén de la influencia de la sociedad y cultura en las que vivimos, la percepción y actitud individuales son aún muy relevantes. La percepción del riesgo se puede definir como el conjunto de «creencias, actitudes, juicios y sentimientos de las personas, así como los valores y disposiciones sociales o culturales más amplios que adoptan respecto a los peligros y sus beneficios», por lo que no es simplemente un proceso individual, sino que debe entenderse en el contexto social y cultural de la persona.[19]

Todos estos aspectos combinados entre sí ofrecen una gran diversidad de aproximaciones. «El mundo contiene cinco mil millones de termostatos del riesgo», dice Adams.[20] La personalidad, quizás el aspecto más íntimo de todos los indicados, es sin duda determinante. En un estudio realizado con 302 deportistas extremos, se emplearon combinaciones de tres rasgos de personalidad, neuroticismo, extroversión y escrupulosidad, para discriminar actitudes de bajo y alto riesgo entre los entrevistados. Los resultados revelaron que las personas escépticas, reflexivas y emprendedoras presentaban menor tendencia al riesgo, mientras que las personas impulsivas, hedonistas e inseguras se sentían más atraídos por él.[21] La edad tiene también mucho que ver con cómo percibimos y nos atrae el riesgo. Por ello, dedico un capítulo entero a entender el riesgo desde esa perspectiva.

19. Bodemer, N., y Gaissmaier, W. (2015). «Risk perception». En: Cho, H., Reimer, T., y McComas, K. A. *et al.* (eds). *The Sage handbook of risk communication*. SAGE, Los Ángeles, pp. 10-23.
20. Adams, J. (1995). *Op. cit*, p. 23. En la fecha en la que publicó su trabajo, en el mundo había 5700 millones de habitantes, en 2025 somos 8000 millones.
21. Castanier, C., Scanff, C. L., y Woodman, T. (2010). «Who takes risks in high-risk sports? A typological personality approach». *Research quarterly for exercise and sport*, *81*(4): 478-484.

Amén de la personalidad, cómo entendemos el riesgo es un proceso psicológico en el que intervienen los otros aspectos, ya sean personales, los del entorno o del momento en el que nos encontramos. Entre todos ellos creamos un marco de autorregulación denominado homeostasis,[22] que equilibra las diferentes maneras que tenemos de percibirlos y compensa unas con otras. Intervienen en ello factores objetivos, como el conocimiento previo que tengamos del riesgo, y otros subjetivos que tienen que ver con los sesgos cognitivos que podamos albergar. Estos pueden estar mediados culturalmente, o relacionados con nuestra genética (mayor o menor predisposición al riesgo) o personalidad, como ya hemos visto. Adams esgrime una visión similar: entiende que el comportamiento frente al riesgo está determinado por la actitud previa que tengamos hacia él, que tenderá a ser más proclive o evitativa, según la persona y la situación en la que se encuentre. Esta actitud puede venir de nuestra crianza, según nos hayan educado en familia, y de la cultura en general en la que vivamos.

Así, siguiendo con la analogía del termostato, Adams nos dice que algunos prefieren el calor, poniendo como ejemplo a la banda de los Ángeles del Infierno,[23] frente a otros que

22. Esta idea de homeostasis en la percepción del riesgo viene de Manolo Taibo, que obtengo de su libro: Taibo, M. (2016). *Prevención de riesgos para colectivos en montaña.* Ediciones Cordillera Cantábrica, Langreo.
23. Club de motoristas que suelen circular en motos Harley-Davidson, con estética de chupas de cuero, insignias y tachuelas, fundado

prefieren el frío (o la calma, que en inglés se diría igual: *cool*), como «una dama de avanzada edad llamada Prudencia», en sus palabras. Pero ni siquiera ella podría vivir una vida con riesgo cero. Entre quienes prefieren el calor, lo justifican porque, para ellos, el riesgo es una manera de excitar las emociones. Les permite estar en un estado de alerta, de interés, de concentración. En la sociedad altamente controladora en la que vivimos, necesitamos buscar esas emociones en actividades deportivas, de aventura, viajes o, incluso, de gastronomía, arte o creación en general. El aburrimiento, la rutina y la monotonía, a largo plazo, pueden llevar a fantasear y, luego, ejecutar actos ilegales y amorales. La búsqueda de excitación es básica en la naturaleza humana y el comportamiento de riesgo es una vía natural para estimular esta emoción. Es evidente que tenemos que conocer nuestras habilidades y hasta dónde somos capaces de manejarlas, qué riesgo está dentro de nuestro control y cuál ya no.

El *continuum* del riesgo

Cuando hablamos de riesgos personales, obtener beneficios a partir de él es una prioridad que requiere mantenerse en un punto de equilibrio delicado entre evitarlo a toda costa y aceptarlo sin filtros. La negación del riesgo es una garantía

---

en Los Ángeles en 1948. Es famoso por su violencia y tiene consideración de banda criminal en los Estados Unidos.

de bienestar a corto plazo, pues nada nos va a pasar en ese momento. Nos aseguramos de que todos los flecos estén bien atados, para que no haya incertidumbres, y aquellos que no controlamos, los aseguramos. Cuando vamos de vacaciones, reservamos los vuelos, el hotel, incluso el taxi que nos va a recoger en el aeropuerto. Cerramos las comidas con el sistema de todo incluido y solo salimos del recinto hotelero con las excursiones programadas de antemano. En el otro extremo está el que no hace caso alguno de advertencias, no se informa ni lee acerca de una actividad o un lugar, ni se entrena para ello. Siguiendo con la analogía de los viajes, hay destinos que llaman a ser problemáticos, que todos conocemos por aparecer en los telediarios con frecuencia. Una vez más, en el conocimiento está la clave de poder asumir ciertos riesgos, porque actuará de tampón para optimizar los beneficios y minimizar los perjuicios.

No asumir riesgo alguno tiene, por tanto, un beneficio a corto plazo que no compensa el perjuicio a largo plazo. No saber cómo identificar y gestionar los riesgos a pequeña escala hace que seamos luego incapaces de tomar decisiones importantes en la vida, de esas que nos pueden impactar por mucho tiempo, que pueden afectar a nuestra familia e incluso a terceros. Ignorar los riesgos también hace que puedan impactarnos a corto plazo, de forma inmediata. En forma de accidente, de ruina económica, de pérdida de empleo, de ruptura matrimonial. Miles de situaciones que se pueden presentar de repente y que requieren capacidad de decisión y acción. Tan peligroso es apartarse del riesgo como meterse de lleno en él sin saber cómo gestionarlo. Ambos extremos del *continuum* del riesgo son igualmente peligrosos por incapacitar a la persona, por restar autonomía y determinación. El riesgo, como todo en esta vida, debe darse en su justa medida.

En contra del riesgo: seguridad, higiene, comodidad

Es, pues, importante mantener un equilibrio entre riesgo cero y riesgo sin límites. Hay un punto intermedio en el que se produce el máximo aprendizaje con el mínimo peligro, y es justo en la zona de aprendizaje próximo que ya definió en su día el pedagogo Jean Piaget. En esa franja expandimos nuestras experiencias a partir de aprendizajes previos, nos resulta lo suficientemente familiar, pero al mismo tiempo suficientemente excitante, como para aventurarnos en ella. Es ese lugar en el que nos salimos de la zona de confort, de la que tanto hablan *coaches* y gurúes, pero sabiendo volver atrás si fuera necesario. Irnos demasiado lejos significa entrar en la zona de peligro, pues no dominamos la situación, desconocemos el camino de vuelta. Pero quedarnos dentro de la comodidad perpetua tiene también sus peligros. Para la salud, para el bienestar e incluso para nuestra dignidad. En el siglo XXI, una familia de clase media en Occidente vive en una sociedad que se caracteriza por ser segura, ordenada, predecible, eficiente... y ¡aburrida! No superar ciertos retos a tiempo hace que seamos después dependientes para muchos actos de la vida cotidiana y será cada vez más difícil afrontarlos, porque, al igual que nosotros, los retos también crecen.

El problema que nos encontramos en la actualidad es que la balanza se inclina, precisamente, hacia ese confort perpetuo. La sociedad ha ido resolviendo muchos de los desafíos que amenazaban nuestra integridad física, aumentando la seguridad, la higiene y la comodidad. Tres virtudes que nadie discute y que han logrado que vivamos en un mundo en general más tranquilo, más limpio y más cómodo. La esperanza de vida en España, sin ir más lejos, ha aumentado de 34 años a principios del siglo xx a los 80 años para los hombres y 85 para las mujeres en 2022, según datos del Instituto Nacional de Estadística. Esto se debe a una multiplicidad de factores, entre los que están indudablemente la seguridad y la higiene. Del confort no hablamos, porque ese contribuye más bien a disminuirla, con las patologías que conlleva un estilo de vida sedentario. La comodidad sí ha hecho que tengamos más tiempo libre que nunca, dejando que máquinas y aparatos de toda índole se ocupen del trabajo más tedioso, desde arar la tierra a aspirar la casa.

Desde la perspectiva del riesgo, cuando dejamos la seguridad, la higiene y la comodidad en manos de terceros, «los expertos», nos despojamos de la habilidad de manejarlo nosotros mismos. El sentido común pasa a ser aún menos común y no sabemos leer las señales que nos alertan del peligro, nos fiamos de las medidas de higiene que otros adoptan, y somos incapaces de hacer las tareas manuales más simples. Ahora que la Unión Europea nos pide explícitamente que nos preparemos para 72 horas de supervivencia, estamos menos preparados que nunca para ser autónomos y resilientes incluso en un espacio tan breve de tiempo. El riesgo, bien entendido, es lo que ha conseguido los mayores avances en la historia, la ciencia, la tecnología y las artes. El progreso necesita ir de la mano del riesgo; sin él, no se habría inventado la rueda o internet. A menor escala, el riesgo nos regala sorpresas, como la invención del velcro o los *post-it*.[24] Encontrar ese término medio entre qué riesgos son aceptables y cuáles no, ese juego de equilibrios al que alude Adams, es el gran desafío.

La respuesta emocional al riesgo

Una vez decidido qué riesgos queremos asumir o no, debemos tener en cuenta que eso va a provocar una respuesta emocional en nosotros. Una de las más habituales es el miedo. Sentirlo no significa, necesariamente, que lo que estamos haciendo o experimentando sea peligroso. Es una respuesta irracional al riesgo que tiene que ver con nuestra

24. El velcro se inventó a partir de la observación de cómo las semillas de una planta se adherían pertinazmente al pelo del perro de su creador. Vio al microscopio que tenían unos ganchos que les permitían viajar con el pelo del animal hasta que este cayera. Sin duda, una gran estrategia de dispersión. Los *post-it* surgieron a partir de un pegamento fallido. No pegaba lo suficiente para lo que se pretendía originalmente, pero permite que hoy los usemos de quita y pon en todo tipo de superficies.

capacidad de afrontarlo y el contexto. El miedo es el principal enemigo, dicen Marcolongo y colaboradores,[25] de toda vida que quiera ser plena y entera. Aprisiona, constriñe, bloquea, asfixia. Es, además, contagioso. Mientras que el riesgo acentúa la valentía, alienta la esperanza y acrecienta la libertad, el miedo se comporta como una mancha de aceite, que poco a poco va paralizando a todo el mundo, al tiempo que nos damos mutuamente la razón en esa paulatina intoxicación de nuestra fuerza vital. El miedo sin riendas impide alcanzar la trascendencia, la grandeza. Transforma los sueños en pesadillas y nubla el alma.

Una ventaja del miedo es que no está nunca en el presente, sino más bien en el futuro. Se basa en lo que creemos que va a ocurrir o en el hecho de no saberlo con certeza. Cualquier situación de riesgo, por el grado de incertidumbre que conlleva, tiene el potencial de generar una respuesta emocional. La ventaja de que el miedo sea una proyección a futuro es que nos da tiempo a manejarlo, mediante el conocimiento al que aludí antes. Es decir, si sabemos que un riesgo es inasumible (como lanzarnos por un precipicio), estamos a tiempo de desistir de hacerlo. Por otro lado, si lo que nos preocupa es la incertidumbre, tal vez tengamos tiempo de analizar el riesgo con más detalle y eliminarla en parte. El miedo no es más que una alarma de nuestra mente que debemos domesticar para mejorar la respuesta al riesgo. Es, en tanto que manejable, una emoción útil.

25. Marcolongo *et al.* (2023). *Op. cit.*

Cuando no sabemos cómo gestionar algo que nos produce ese efecto, actúa el inconsciente, y la respuesta se manifiesta de cuatro maneras, en inglés convenientemente bautizadas como «las cuatro efes»,[26] que en español se correspondería con huir, pelear, paralizar o disimular. Todas estas respuestas se ven también en el mundo animal: el ratón que huye del gato; el gato que bufa al perro; el conejo que se queda quieto en medio de la carretera o el escarabajo que se hace el muerto. El instinto de huida, el más útil, nos hace escapar de la situación, tanto física como emocionalmente. La primera es obvia. La respuesta de pelea, por otro lado, se da cuando estamos acorralados y solo podemos salir del atolladero a empujones, mordiendo o pegando. O, figuradamente, insultando al conductor que nos hace una faena en la carretera o maldiciendo por lo bajini a nuestro jefe cuando nos atosiga. Paralizarse es una reacción también habitual, aunque poco útil. Es esa sensación que nos queda cuando no hemos sido capaces de dar una respuesta adecuada en una discusión. O quedarse «de piedra» cuando presenciamos algo inesperado. Y disimular, lo hacemos todo el tiempo. Hacer como que no sabemos nada de ese jarrón que acabamos de romper, para evitar una bronca, o transferir a otro la responsabilidad de una metedura de pata en la oficina.

Todas estas respuestas son innecesarias si sabemos entender el riesgo y actuar frente a él. Si volvemos a la ecua-

26. *Flee* (huir), *fight* (pelear), *freeze* (paralizar) o *fawn* (disimular).

ción del inicio, en la que el conocimiento es lo que marca la diferencia, la mejor manera de superar el miedo no es evitarlo, sino afrontarlo. Ya lo dice la frase que se atribuye a Nelson Mandela: «No es valiente quien no tiene miedo, sino quien sabe conquistarlo». Se trata de expandir nuestra zona de confort hasta que esta ahogue los temores. La preparación física, mental y emocional es clave en todo proceso de conquista. Tanto para quien desee escalar una montaña como para quien pretenda lanzar un nuevo producto al mercado.

No nos paralizaremos ante situaciones inesperadas cuando hayamos barajado escenarios que las incluyan y preparando nuestra respuesta a ellos. Por último, no será necesario disimular si actuamos con responsabilidad ante las equivocaciones y ofrecemos soluciones a ellas. La gestión de riesgos no es más que actuar con madurez, responsabilidad y sentido común.

El miedo es también una respuesta útil ante el riesgo cuando va seguido de una acción que resuelva lo que causó esa respuesta o cuando no podemos manejarlo. Apartarse con cuidado de una serpiente o no meterse en medio de una pelea son acciones razonables. Hay un término medio entre el miedo que paraliza y la temeridad sin medida. Como decía Billy Wilder, durante el Holocausto salieron ganando los pesimistas, que fueron los judíos que salieron «por patas» de la Europa ocupada por los nazis al intuir que ese tipo del bigote no prometía nada bueno. En cambio, muchos de los optimistas, que pensaron que no sería para tanto, acabaron en los campos de exterminio.[27] No está de más escuchar las señales de nuestra intuición y hacerlo con la anticipación suficiente como para preparar una reacción sosegada y sensata. Intuición y razón son la fórmula mágica del conocimiento que necesitamos para afrontar los riesgos adecuadamente. En la tabla 3 tenemos algunas pistas para ello.

Tabla 3. Atributos del riesgo y cuándo se perciben como más peligrosos (adaptado de: Gardner 2009)

Atributo	Da más miedo...	Cómo reducir el miedo
Basados en el conocimiento del riesgo		
Potencial catastrófico	... cuantas más víctimas pueda producir (p. ej., el estallido de una central nuclear)	Relacionar probabilidad con impacto para recalibrar el riesgo. Normalmente son eventos de baja probabilidad
Familiaridad	... cuanto más desconocido sea (p. ej., un virus con potencial pandémico)	Informarse sobre la amenaza en fuentes solventes y no sensacionalistas para saber mejor cómo afrontarla
Comprensión	... cuanto más complejo sea (p. ej., la IA fuera de control)	Informarse sobre el riesgo en fuentes fiables y claras, sin sesgos comerciales, políticos o de otra índole

27. Su forma de decirlo, en una entrevista que le hicieron en 1945, es algo más cruda: «Los optimistas acabaron en las cámaras de gas y los pesimistas tienen piscinas en Beverly Hills».

Atributo	Da más miedo...	Cómo reducir el miedo
Elección	... cuando no hayamos elegido ese riesgo (p. ej., una riada)	Tomar conciencia de las implicaciones de las elecciones personales para evitar situaciones de riesgo aparentemente invisibles
Historial	... cuando ya ha sucedido antes (p. ej., una zona donde hay incendios forestales recurrentes)	Informarse sobre calamidades pasadas en la zona donde estemos
Efectos	... cuando los efectos dan miedo (p. ej., animales peligrosos que nos pueden atacar y mutilar)	Informarse de la presencia de elementos, situaciones o personas que puedan suponer un riesgo y tomar medidas de prevención
Beneficio	... cuando no está claro el beneficio que conlleva ese riesgo (p. ej., algunos retos de redes sociales)	Cotejar los beneficios con los riesgos y calcular si valen la pena
Reversibilidad	... cuando no se pueden revertir los efectos (p. ej., un accidente que nos cause invalidez permanente)	Tomar medidas de prevención y mitigación de riesgos que puedan tener efectos irreversibles
Origen	... si es de origen humano (p. ej., un accidente industrial)	Informarse en fuentes fiables de los riesgos tanto naturales como antropogénicos que puede haber en el lugar en el que estemos
Plazo	... cuando puede suceder en cualquier momento (p. ej., un accidente de tráfico)	Tratar de averiguar la probabilidad de que suceda, independientemente de cuándo fue la última vez

Atributo	Da más miedo...	Cómo reducir el miedo
Infancia	... cuando afecta a niños (p. ej., un ataque terrorista en un colegio)	Prestar especial atención a la (auto)protección y capacitación de colectivos vulnerables
Generaciones futuras	... cuando afecta a generaciones futuras (p. ej., el cambio climático)	Tomar conciencia de las consecuencias a largo plazo de nuestras decisiones

Basados en la confianza

Atributo	Da más miedo...	Cómo reducir el miedo
Control personal	... cuanto menos control tengamos (p. ej., fuertes turbulencias en un vuelo)	Aceptar que no siempre podemos tener el control y formarse para mitigar el posible impacto
Identidad de las víctimas	... cuando conocemos a las víctimas (p. ej., un incendio en nuestro barrio)	Tener empatía con otros colectivos que también sufren riesgos, aunque estén en otro lugar
Confianza	... cuando no confiamos en las instituciones (p. ej., policía que no acude a las llamadas de socorro)	Tratar de mejorar las instituciones y asumir la responsabilidad de formarse y protegerse
Medios de comunicación	... cuanta más atención reciba de la prensa (p. ej., el lado morboso de un accidente)	Evitar la sobreexposición a los medios, especialmente cuando está teniendo lugar la situación
Justicia	... cuando alguien saca beneficio (p. ej., recalificando terrenos tras un incendio)	Investigar y, si es necesario, denunciar
Riesgo personal	... cuando me afecta a mí (p. ej., un atraco)	Tomar responsabilidad de mi propia protección

Los efectos psicológicos del riesgo

Se podría decir que los riesgos van en contra de la supervivencia y que, por tanto, es una estupidez asumirlos. ¿No sería mejor tener la máxima seguridad posible, a toda costa? Supongo que eso sería así si todo, la vida en general, fuera predecible. Te organizas para acoplarte a ella y listo. El problema es que la sociedad, la naturaleza y lo que pasa en ellas no lo son. Tenemos que aprender a adaptarnos a cada momento y situación, a saber reaccionar a tiempo, a buscar los recursos necesarios para sobrevivir y hacerlo lo más gratamente posible. Es lo que Charles Darwin llamó *survival of the fittest*, la supervivencia del más apto. Lo importante es entender que no se trata de ser sólido y rígido, sino flexible y resiliente. Como el agua, que se adapta a la forma de su envase. Pocas sustancias hay más adaptativas y resilientes que el agua, que acaricia y refresca, pero es capaz de erosionar hasta la roca más dura. Así que, como decía el inefable Bruce Lee, «sé agua, amigo mío».

La exposición a riesgos físicos mejora nuestra fortaleza, resistencia, agilidad, reflejos, rapidez y coordinación. Pero esto no es nada comparado con los beneficios emocionales y mentales que conlleva: autonomía, autoestima, autoeficacia, tolerancia a la frustración, determinación, constancia, coraje, optimismo, euforia, alegría de vivir, emoción, interés, curiosidad, conexión con uno mismo y con la naturaleza, serenidad... Superarlos, a su vez, puede proporcionar euforia, alegría, orgullo, satisfacción, serenidad o incluso alivio. Psicológicamente, necesitamos el estímulo que nos proporciona el riesgo para sentirnos vivos; está en nuestra naturaleza mejorar como especie y eso pasa por plantear desafíos cada vez más difíciles. Asumirlos nos hace cada vez más resilientes y capaces, tanto mental como físicamente, más «aptos». El aprendizaje que viene con cada riesgo, incluyendo los inevitables errores y fracasos que van parejos, supone una oportunidad de crecimiento personal. La falta de exposición al riesgo, en cambio, tiene consecuencias negativas sobre el desarrollo, el aprendizaje y el bienestar. La sobreprotección, que tiene como consecuencia directa la inexistencia aparente de riesgos, suele traducirse a largo plazo en depresión. El individuo sobreprotegido, ya sea por su familia, por la escuela o la sociedad, acaba sintiéndose inútil. En el mejor de los casos estaremos criando personas engreídas y egocéntricas, pero es probable que también, en el fondo, sufran de baja autoestima y se sientan dependientes e incapaces. Esto puede derivar en ansiedad, como se ha podido comprobar en varios estudios.[28]

La exposición al riesgo de por sí genera ansiedad, si bien en dosis sanas, que son las que nos ponen en alerta y permiten

---

28. Por ejemplo, Bruysters, N. Y. F., y Pilkington, P. D. (2023). «Overprotective parenting experiences and early maladaptive schemas in adolescence and adulthood: A systematic review and meta-analysis». *Clinical Psychology & Psychotherapy*, 30(1), 10-23, y Carollo, A., De Marzo, S., y Esposito, G. (2024). «Parental care and overprotection predict worry and anxiety symptoms in emerging adult students». *Acta Psychologica*, 248, 104398.

analizar la situación y el contexto con suficiente detalle para tomar la decisión más adecuada en cada momento. Podemos equivocarnos o no; ese será el aprendizaje para calibrar mejor la decisión la próxima vez. Sin embargo, en personas que ya sufren de ansiedad, eso puede suponer que cada pequeña decisión se convierta en una situación de alto riesgo, tan aparentemente banal como subir a un autobús o dirigirse a un desconocido. Como consecuencia, la ansiedad se asocia con una tendencia exagerada a evitar el riesgo. En una muestra no clínica de estudiantes universitarios, la ansiedad se asoció con una disposición relativamente baja a asumir riesgos y con valoraciones pesimistas del riesgo que sí se asume. Por ejemplo, se observan percepciones aumentadas de la probabilidad y gravedad de los resultados negativos ante una decisión.[29] Así, la ansiedad patológica y la evitación del riesgo se retroalimentan mutuamente, pudiéndose además transmitir de una generación a otra, si nuestro estilo de crianza es sobreprotector. Por suerte, no es un bucle sin solución. La exposición controlada y acompañada, si es necesario, de un especialista, puede ayudar. Para situaciones puntuales y no patológicas, ayuda usar técnicas de visualización, tal y como hacen los deportistas de élite ante pruebas importantes.

Puede suceder que uno se encuentre involuntariamente ante una situación de riesgo sobrevenida. El entrenamiento

---

29. Maner, J. K., y Schmidt, N. B. (2006). «The role of risk avoidance in anxiety». *Behavior therapy*, 37(2), 181-189.

previo es fundamental para tomárselo con calma y valorar las opciones. Evitaremos así depender de la suerte y tomaremos las riendas enseguida. Cuando el evento es traumático, de los que tienen potencial para destrozarnos la vida, hay dos respuestas habituales, aunque seguramente estamos más familiarizados con la primera, el Trastorno por Estrés Postraumático (TEPT). Según la página web de la Clínica Mayo,[30] se trata de una «enfermedad de salud mental causada por una situación de estrés o aterradora, ya sea que la hayas vivido o presenciado». Los síntomas pueden incluir miedo, insomnio, pesadillas, ansiedad y angustia grave, así como pensamientos incontrolables sobre la situación. Este síndrome suele requerir tratamiento profesional. Otra posible respuesta es la que se conoce como Crecimiento Postraumático (CPT).[31] En este caso, consiste en el cambio positivo que experimentamos tras ese mismo tipo de evento. Sin denegar el sufrimiento que haya podido tener lugar, con el CPT el individuo genera resiliencia y capacidad para afrontar nuevos desafíos; se siente más fuerte y capaz. Muestra un mayor aprecio por la vida y por las pequeñas cosas del día a día. Siente optimismo y esperanza, pese tal vez a encontrarse aún con las consecuencias físicas y emocionales de ese trauma, que pueden existir de por vida (la pérdida de un

30. https://www.mayoclinic.org/ (consultada en julio de 2025)
31. Aquí pueden verse muchos de los beneficios del CPT: Acero, P. (2012). «Crecimiento postraumático y construcción de sentido en la adversidad». *Cuadernos de crisis*, *12*(11), 1-6.

ser querido, una discapacidad sobrevenida). Se sabe que el entorno cultural y la crianza que uno recibe tienen mucho que ver en la respuesta que se tiene al trauma,[32] aunque no he encontrado estudios que indiquen una relación concreta con tener una actitud saludable hacia el riesgo.

La respuesta fisiológica al riesgo

Una cosa es lo que sentimos y cómo reaccionamos cuando nos enfrentamos a un riesgo y otra, lo que sucede por dentro. Según explica la divulgadora Kayt Sukel,[33] en la gestión de los riesgos intervienen tres áreas de nuestro cerebro. Los ganglios basales, conocidos también como el cerebro reptiliano, se encuentran en la profundidad del cerebro y se encargan de la toma de decisiones basada en los deseos más básicos (alimento, relaciones sociales, sexo). Son decisiones que aspiran a una recompensa más o menos inmediata. Por otro lado, la corteza o córtex prefrontal es la parte del cerebro más evolucionada y se encuentra en la parte exterior del mismo. Es el área que se ocupa de las decisiones sustentadas

32. Véase, por ejemplo: Jayawickreme, E., Infurna, F. J., Alajak, K., Blackie, L. E., Chopik, W. J., Chung, J. M., ... y Zonneveld, R. (2021). «Post-traumatic growth as positive personality change: Challenges, opportunities, and recommendations». *Journal of personality*, *89*(1), 145-165.
33. Sukel, K. (2016). *The art of risk. The new science of courage, caution and chance.* National Geographic, Washington D.C.

en los juicios de valor, el razonamiento y la inhibición de los impulsos. Estas regiones serían, respectivamente, el acelerador y el freno en la toma de decisiones. Finalmente, el sistema límbico, que incluye la amígdala, es el que regula la respuesta al riesgo, el que incorpora la emoción y la experiencia en la toma de decisiones. Ayuda a analizar el valor de la recompensa y si esta vale la pena. Sería, pues, el embrague. Siguiendo con la analogía del vehículo, pisaremos uno u otro pedal, según las circunstancias.

Pese a que tenemos todos cerebros similares, la elección de asumir un riesgo o no varía mucho de un individuo a otro. Hay sin duda una componente genética en ello. Al parecer, según explica Sukel, no hay un único gen del riesgo. Es la combinación de rasgos genéticos, más los factores del ambiente (crianza, familia, cultura), la que hace que seamos más proclives a asumirlos o no. Tampoco lo hará de igual forma un mismo individuo en la juventud, sin compromisos ni responsabilidades familiares, que cuando tenga que hacerse cargo de varios niños pequeños. Y no nos volvemos aburridos con la edad solo por eso. Al parecer, a medida que aumenta nuestra experiencia, el sistema límbico toma protagonismo y nos dice que bajemos de marcha o, por lo menos, meditemos mejor las decisiones asociadas al riesgo. Es, de hecho, lo que sucede con actividades percibidas como de alto riesgo, la experiencia tanto acumulada como colectiva sirve para regularlos y minimizar los posibles impactos.

Es también conocido que la testosterona promueve los comportamientos más arriesgados, de ahí que ciertas profesiones (bombero, cirujano, tiburón de Wall Street) estén dominadas por hombres. De hecho, existe lo que se conoce como el «efecto del hombre blanco», denominado así por primera vez en 1994, según el cual los hombres blancos temen y se preocupan menos por los riesgos que las mujeres o las minorías, simplemente por su raza y sexo, merced a esa combinación sin duda privilegiada.[34] Aunque también soy de la opinión de que una madre motivada puede mover montañas.

El cerebro funciona, en gran medida, gracias a los neurotransmisores que generan una u otra respuesta, es decir, que deciden si pisamos uno u otro pedal. Una parte de nuestro sistema nervioso central, conocido como el sistema autónomo, se divide en dos ramas que actúan en sentidos opuestos. El subsistema simpático es el que tiende a incrementar la respuesta de excitación, mientras que el subsistema parasimpático la reduce. Cuando estamos excitados, el primero domina sobre el segundo, y cuando estamos relajados, al revés. En el primer caso, lo notaremos porque nuestra respiración se acelera y el corazón late más deprisa, para hacer llegar el oxígeno a los músculos y mejorar así su capacidad de respuesta ante aquello que nos ha excitado. También se estimula la glándula que secreta adrenalina, hormona que ayuda a mantener ese estado de excitación. Mientras

---

34. Flynn, J., Slovic, P., y Mertz, C. K. (1994). «Gender, race, and perception of environmental health risks». *Risk Analysis, 14*(6), 1101-1108.

esa respuesta se mantenga, el cuerpo y el cerebro estarán activados, preparados para la acción. Se trata de una emoción agradable, que nace de la expectativa y avanza hacia la euforia o incluso el éxtasis. La adrenalina, además, estimula la segregación de dopamina, conocida como la «hormona del placer», lo que puede llevar a comportamientos adictivos respecto al riesgo. El exceso de esta hormona desactiva la corteza prefrontal, responsable del autocontrol y la toma de decisiones, por lo que se pueden originar situaciones de peligro para uno mismo y para los demás. La descarga crónica de adrenalina también puede derivar en problemas de salud como hipertensión, patologías cardíacas o insomnio. Por ello, como todo, se debe aspirar a la dosis justa y controlada.

En el lado opuesto de la excitación se encuentra la ansiedad, que nace de la preocupación y evoluciona hacia el temor, el miedo o incluso el pánico, aunque también se origina del mismo estado inicial. En un experimento con ratones dirigido por la neurocientífica española Sara Mederos, del Sainsbury Wellcome Centre en Londres, se ha logrado encontrar el «interruptor del miedo».[35] Los animales fueron expuestos a una sombra de tamaño creciente que se abalanzaba sobre ellos, sombra que interpretaban como un predador que les iba a atacar. Con la repetición del experimento,

---

35. Mederos, S., Blakely, P., Vissers, N., Clopath, C., y Hofer, S. B. (2025). «Overwriting an instinct: Visual cortex instructs learning to suppress fear responses». *Science*, *387*(6734), 682-688.

los ratones vieron que la sombra era inofensiva y se inhibió la respuesta del miedo. Los responsables del estudio han localizado dónde se genera esta respuesta en una parte primitiva y profunda del cerebro. También han descubierto unas sustancias relajantes que segregamos de forma natural cuando vemos que no hay razón para tener miedo, los endocannabinoides. Estas moléculas producen una sensación de alivio y se reduce la ansiedad: el cerebro primitivo entiende que no hay peligro. Se trata de un trabajo revolucionario, que podría controlar el miedo al riesgo mediante fármacos mucho más específicos que los ansiolíticos, que tratan los síntomas y no la raíz. Un descubrimiento fantástico para cuando el miedo se convierte en una respuesta patológica, por ejemplo, para el tratamiento del estrés postraumático.

Cuando la excitación del riesgo es deseada y está controlada hasta cierto punto, nos lleva por un camino agradable; cuando es involuntaria, indeseada o prolongada en el tiempo, o no tenemos control alguno sobre ella, deriva hacia la ansiedad. Así, la respuesta fisiológica es similar, pero el deseo de tenerla no lo es. El psicólogo Michael Apter, de quien saco estas ideas,[36] lo expresa así: «La excitación es como el fuego. Puede cocinar para ti. Puede calentar tu casa. O la puede quemar». Cuanto mayor sea la excitación, más potente va a ser su efecto, para bien o para mal. Cuando la excitación baja, o no la hay, existen dos estados también

---

36. Apter, M. (2007) *Danger: our quest for excitement.* Oneworld Publications, Oxford.

opuestos entre sí. Por un lado, el aburrimiento y, por otro, la relajación. El tedio se da cuando no encontramos la suficiente estimulación y anhelamos aumentarla. La relajación, por el contrario, se asocia con el alivio, la calma, la tranquilidad, y es un estado deseado.

3.

Calculando los riesgos

«La fortuna está al lado de quien se atreve».

Virgilio

La (in)cultura del miedo

Desde que nacemos, la vida es un rosario de riesgos. Aprendemos a enfrentarnos a ellos a partir de dos mecanismos muy diferentes. Por un lado, está el miedo innato a objetos, pero sobre todo a plantas o animales que nos pueden hacer daño; lo tenemos grabado en los genes. Hay plantas o animales que son demasiado venenosos como para podernos permitir aprender a base de ensayo y error (todas las setas se pueden comer, pero algunas solo una vez). No cabe el aprendizaje, ni a escala individual (porque el resultado del error sería fatal) ni en comunidad. Asociamos a los roedores con enfermedades y miseria... Por eso, animales como arañas o serpientes están ya incorporados en nuestro catálogo de miedos innatos, al igual que la oscuridad o algunos sonidos que nos pueden parecer sobrenaturales y señal de que nada bueno está a punto de suceder. Muchas especies utilizan colores llamativos para avisar de su toxicidad, como la serpiente de coral, la araña viuda negra o la seta matamoscas, la de los enanitos. La estrategia, conocida como aposematismo, es lo contrario al camuflaje. Estos organismos buscan llamar la atención para que nadie los capture o se los coma, pues tampoco saldríamos muy beneficiados que digamos, así que se agradece el detalle.

El otro mecanismo es el social, mediante el cual inculcamos el miedo por cosas, lugares o situaciones de gran riesgo, como un enchufe, una piscina o una motosierra. En estos casos, el aprendizaje es más lento, porque no hay una reacción innata a ellos, sino más bien una atracción, que puede ser fatal. La tentación de meter un tenedor en un enchufe o recoger un juguete de la piscina es fuerte y suele acabar mal. Hay, por tanto, que adiestrar esa reacción. Además, estos elementos *a priori* peligrosos son útiles en nuestra vida diaria; necesitamos aprender a usarlos y no basta solo con evitarlos (como las setas venenosas). Hay que guardar un equilibrio entre evitación —cuando aún no somos capaces de gestionar la situación, como es el caso de los bebés— y manejo con precaución. Proteger enchufes, vallar la piscina o guardar las herramientas bajo llave no es ninguna tontería.

La percepción de un riesgo está determinada por nuestra cultura, como ya hemos visto. Pero es que, además, depende de a qué tipo de riesgos se dé prioridad o cómo se interpretan estos. Es notorio el ejemplo de la prohibición de vender huevos de chocolate de la marca Kinder —esos que llevan un juguete en su interior— en los Estados Unidos porque podrían suponer un riesgo de atragantamiento para los niños, mientras que se tolera en muchos estados la presencia de armas de fuego en la casa. Estas últimas se ven como mecanismos de reducción de otros tipos de riesgos, como los relativos a la seguridad personal. Conviven aquí los modelos de hiperregulación (con la seguridad infantil) y la autorregulación (con las armas). Sin embargo, en Europa es muy normal encender velas en casa en los meses de invierno, sin que nadie piense en el riesgo de incendio. Aquí tenemos de nuevo un ejemplo de autorregulación, en este caso basado en el aprendizaje consciente de los riesgos del fuego.

El miedo es, además, contagioso. Los rumores se propagan con gran facilidad; basta con que un vecino alerte de la presencia de un vehículo sospechoso en el barrio a través de un grupo de WhatsApp para que se organicen turnos de vigilancia e incluso redadas. Las experiencias individuales y colectivas que resultan en daño son más llamativas y perduran más en la memoria que las de éxito. Es fácil perder los matices, por ejemplo, cuando hablamos de un país que percibimos como inseguro. Tal vez lo fue en el pasado, quizá lo sea solo una zona o es que sale mucho en las noticias últimamente. Lo mejor es no ir y punto. Los prejuicios también sirven como gran multiplicador de miedos. Tememos a lo extraño, lo desconocido, lo novedoso, y lo reforzamos con mensajes y noticias donde se resalta la otredad de quien causa un daño o accidente, cuando la mayoría de las veces es un dato irrelevante. Muchos estereotipos raciales nacen de este mecanismo.

Es sabido que vivimos en la época más segura y pacífica de la Historia, al menos si lo vemos desde la perspectiva occidental y privilegiada que tenemos.[37] En esta burbuja más o menos tranquila que hoy es Europa, se han vivido pocos conflictos desde el fin de la Segunda Guerra Mundial (si exceptuamos la Guerra de los Balcanes en los años noventa y la actual invasión rusa de Ucrania, ambas confinadas en zonas geográficas limitadas). La medicina moderna ha elevado la esperanza y la calidad de vida a niveles nunca vistos. Una gran parte de la población mundial tiene acceso a agua potable y electricidad en sus viviendas, dos recursos que hasta hace cien años no eran tan comunes. Convivimos en sistemas democráticos que garantizan, en gran medida, un acceso a la participación pública y a la justicia con el que hace unas pocas décadas no podíamos, en este país al menos, ni atrevernos a soñar. Y, sin embargo, vivimos anclados en un miedo estructural, en un temor difuso y generalizado que generaciones anteriores no parecen haber tenido o, al menos, han resuelto mejor. Pandemias, terrorismo, drogas o inseguridad

---

37. A escala global, la cosa ya cambia. El mundo es un lugar que todavía puede mejorar en muchos aspectos: la desigualdad es cada vez mayor, aumenta la conflictividad en intensidad y extensión en todo el mundo, la paridad de género no termina de materializarse mientras que se estanca la mejora de la atención a la salud. Véanse los informes Chancel, L., Piketty, T., Saez, E. y Zucman, G. (2022). *Informe sobre la desigualdad global 2022*. World Inequality Lab, París, Francia; IEP (2025). *Global Peace Index 2025: Identifying and measuring the factors that drive peace*. Institute for Economics and Peace, Sydney, Australia, y WHO (2023). *Tracking universal health coverage: 2023 global monitoring report*. World Health Organization and International Bank for Reconstruction and Development / The World Bank, Ginebra, Suiza.

llenan nuestras fuentes de información de titulares, a cual más vistoso. Se supone que nunca estuvimos tan informados como ahora, pero nunca lo estuvimos tan mal. El auge de las redes sociales ha convertido la información en comida rápida: abundante, colorida, demasiado sazonada e indigesta. El miedo vende. Interesa mantener esa llama viva con noticias, alarmas, rumores. Manipulando la información de manera que sintamos la necesidad de adquirir sistemas de seguridad para la casa y gastarnos una fortuna en accesorios de puericultura que garantizan una infancia feliz a nuestros hijos. Las empresas (de seguridad, de puericultura, los medios de comunicación que viven de los clics) saben que tenemos dos sistemas básicos para tomar decisiones. Uno de ellos está basado en la razón y el otro, en la emoción. El primero actúa despacio, necesita informarse y sopesar opciones. Requiere tiempo y tranquilidad. Dos cosas que unos padres primerizos no tienen. Mucho mejor obligarles a actuar por impulso. Las decisiones tomadas a partir de la emoción son rápidas, se fundamentan en el juicio rápido y en las sensaciones inmediatas que nos produce una situación o un titular, sin pararnos a examinar su veracidad. Daniel Kahneman, psicólogo que ganó el premio Nobel de economía, lo sabía bien. Las empresas ganan cuando las decisiones son emocionales.

Kahneman[38] desarrolló junto al matemático Amos Tversky la teoría de las perspectivas, que postula que los individuos,

---

38. Conocido también por su libro: Kahneman, D. (2012). *Pensar rápido, pensar despacio*. Debate, Barcelona.

en entornos de incertidumbre, toman decisiones apartadas de los principios básicos de la probabilidad. Es decir, sin el suficiente reposo para analizar y comprender las posibles consecuencias de esta. A decisiones de este tipo las bautizaron con el elegante nombre de «atajos heurísticos», cuya principal característica es la aversión a la pérdida. Preferimos no perder antes que ganar. Dinero, amistad o salud. Es el famoso refrán de «más vale pájaro en mano que ciento volando». Ganar algo es una promesa incierta, mientras que, para perder algo, primero lo hemos de poseer. Perder sucede con lo que tenemos hoy y ganar puede (o no) ocurrir en un futuro más lejano. Es, por tanto, terreno abonado para que nos metan miedo con lo que más tememos perder: nuestros hijos.

De toda la vida, las sociedades humanas han creado sistemas, estrategias y rituales para alejar el riesgo. Las historias y leyendas sirven como manuales de comportamiento y ejercen una función ejemplarizante. Las tradiciones religiosas tienen también un peso importante en esta tarea: las oraciones, las ofrendas, las procesiones o la devoción por determinados santos o deidades son sistemas simbólicos para alejar el riesgo y domar el miedo. Bajo un prisma más racional, hay numerosas normas de convivencia que se basan en separar al peligro del grupo social, códigos de conducta compartidos que controlan el comportamiento humano y tratan de limitar los efectos de aquello que no depende de la acción humana. Un ejemplo del primero sería el código de la circulación, que permite a los humanos circular de forma segura con máquinas que, sin ese control, serían letales. En el segundo caso, piénsese en los simulacros de terremotos en zonas sísmicas o la señalización de las vías de evacuación en caso de tsunami, por poner un par de ejemplos. En el ámbito profesional contamos con innumerables protocolos y sistemas de prevención para evitar accidentes y lesiones.

Quizás el mecanismo más conocido en la sociedad actual —aunque ya existe desde hace mucho tiempo son los seguros. Hoy no concebimos la vida sin seguros, que te venden protección para casi cualquier imprevisto (y que luego se matiza en cuanto eres capaz de interpretar la letra pequeña). Bajo el amparo de los seguros por un lado y de las regulaciones por otro, parece que dejamos en manos de la diosa Fortuna lo que podemos, al menos en cierta medida, conseguir con nuestro propio esfuerzo y dedicación. Hay todo un campo de actuación individual, sin embargo, en el que una adecuada gestión del riesgo es importante: la crianza, la vida en familia, el ocio, el estilo de vida. Y eso requiere estrategias para identificarlo, valorarlo y manejarlo.

La (in)cultura del error

La (in)cultura del miedo incluye el culto al error. En el ámbito de la educación, uno de los mayores riesgos que se pueden correr es «pensar fuera de la caja», tanto por parte de docentes como del alumnado. Va en contra del pensamiento lineal, de los currículos precocinados, de los libros de texto autoguiados... Rompe el ritmo de la clase y altera la planificación de aula. Pero pedir a un estudiante que piense fuera de la caja es lo mejor que se puede hacer para su desarrollo intelectual y para la creación de soluciones a problemas aún no resueltos.

La aversión al riesgo se enseña desde bien temprano en la escuela. No se tolera el error ni la elección de caminos alternativos para llegar a una solución. Cuento en otro libro la anécdota de Niels Bohr, premio Nobel de Química, que suspendió un examen de la universidad por ofrecer diversas soluciones a un problema, mientras que el profesor solo esperaba la suya.[39] Cada vez que tachamos un trabajo, estamos transmitiendo a nuestro alumno que importa más el error que el acierto que está en todo lo no tachado. La creatividad, el progreso y la inteligencia se sustentan en los errores que cometemos en el proceso. Si no caemos en ellos nunca, ¿cómo sabríamos distinguir los aciertos?

La escuela es el lugar ideal para practicar el pensamiento divergente, lateral e incluso disruptivo, en un entorno de respeto y seguridad física y emocional. Un remanso de libertad, foro de respeto y caldo de cultivo para la innovación. O así debería ser. La ciencia se ha alimentado tradicionalmente de aciertos buscados, pero también de los errores involuntarios de los científicos que nos preceden. Gracias a sonados fallos en experimentos de todo tipo, tenemos hoy

---

39. Desarrollo esta historia en: Hueso, K. (2019). *Jugar al aire libre*. Plataforma Editorial, Barcelona.

microondas, la Coca-Cola o, más importante aún, la penicilina. Vivimos en una cultura de errores negativos, como los llama el psicólogo Gerd Gigerenzer. Una cultura que tiene miedo a equivocarse y que, cuando lo hace, trata de esconder la evidencia lo mejor posible. No hay más que abrir un periódico para ver cómo gestionan los políticos, máximos responsables de la sociedad, sus errores. No hay alfombra lo suficientemente grande para esconderlos. En una cultura de errores positivos, los hacemos transparentes para que se vean y no se repitan. Ejemplo de ello son las investigaciones de accidentes de aviación, que desmenuzan lo sucedido hasta el más mínimo detalle, para corregir y mejorar la seguridad. El uso de listas de comprobación, tan común en aviación civil, no está tan extendido en otros oficios de riesgo como la cirugía. En algunos casos, porque la cultura de la litigación hace que no sea fácil investigar errores y sean entonces aceptados como parte de la incertidumbre inherente a la actividad. También hay una cuestión de escala: el error de un piloto afecta potencialmente a cientos de personas, mientras que el de un médico solo afecta al paciente y, acaso, a su familia.

Una educación abierta al análisis del error, sin juicios de valor y con la mera intención de mejorar, hace que perdamos miedo a equivocarnos y que, cuando lo hagamos, lo veamos como una oportunidad para mejorar. De esta manera también se reduce la competitividad y aumenta la cooperación, se fomenta la autoestima y la autonomía de los estudiantes. Si aprenden a aceptar los errores en un ejercicio o incluso en un examen, y usarlos como trampolín para su aprendizaje, podrán trasladar esa forma de pensar a cualquier ámbito profesional que vayan a ejercer más adelante. Dado que el éxito se asume como un resultado natural del esfuerzo, no invita a la reflexión, mientras que el error induce al análisis y la mejora. Serán, por tanto, más atrevidos e innovadores en la búsqueda de soluciones y aceptarán una mayor diversidad de aproximaciones a un problema.

Balance riesgo-beneficio

Ese es el corazón de la cuestión y del libro que tienes entre manos. ¿Por qué asumimos riesgos? ¿Es inevitable hacerlo? ¿Obtenemos algo a cambio? Cuando leemos a algunos autores que escriben sobre el tema, el riesgo podría parecer como un hecho ineludible de la vida y tenemos que aprender a convivir con él. Otros invitan a calcularlo con precisión, a aprender a verlo venir. Algunas claves sobre esto daré en el libro, pero lo que más me interesa es ver la otra cara de la moneda, la cara oculta de la Luna: el beneficio del riesgo. Esto es lo que explica no solo el comportamiento del aguerrido explorador (conquistar terrenos ignotos y pasar a la Historia) o del tiburón de las finanzas (ganar más dinero y más clientes), sino que permite entender comportamientos muy cotidianos que todos realizamos: probar un restaurante exótico, a riesgo de que no nos guste; comprar un coche nuevo, confiando en la veracidad del vendedor, o viajar, sabiendo que podemos tener algún percance. Casi todo riesgo conlleva un beneficio; evitarlo supone perdérselo; mitigarlo es un primer paso hacia entender que se obtiene algo a cambio. Afrontarlo y aceptarlo abre un portal a nuevas experiencias y aprendizajes. La clave está en valorar el riesgo para elegir la estrategia más adecuada. Como con tantas otras cosas, con el riesgo hay también un término medio. Ni mucho, ni poco, *lagom*,[40] como dirían los suecos. Quedarnos por debajo, es decir, tender al riesgo cero, no aporta nada más que tedio y parálisis. El aprendizaje es nulo y, a la larga, se generan relaciones de dependencia poco útiles para nadie. Una dosis saludable de adversidad nos obliga a resolver nuestros propios problemas. En la infancia, esto nos enseña a asumir la responsabilidad y las consecuencias de nuestras decisiones equivocadas, lecciones que serán muy útiles para la vida adulta, cuando ya no tengamos la red de amortiguación de nuestra familia a mano. Con herramientas como la reflexión, la compasión y el humor, se llega a la aceptación del error y a ganar fuerzas para el siguiente intento. La reflexión ayuda a comprender qué ha fallado y cómo podemos mejorar nuestro desempeño. La compasión contribuye a reducir

40. Se podría traducir al castizo como «ni mucho ni poco» o «lo justo y necesario». Más que una medida, es una cualidad que puede aplicarse a todos los ámbitos de la vida en los que uno busca la moderación y el equilibrio. Hay incluso libros sobre el tema: Åkerström, L. (2017). *Lagom: El secreto sueco de la buena vida*. Ediciones Urano, Barcelona.

la ansiedad de la exigencia, a construir una cultura del error positivo. Y con el humor podemos reconocer las debilidades propias sin perder la cara y afrontar nuevos desafíos con mayor ligereza.

Para todo en esta vida, pero para la gestión del riesgo en especial, ayuda hacerse las famosas siete preguntas del buen periodista: qué, quién, cómo, cuándo, dónde, por qué y para qué. Trasladando estas preguntas a la gestión de riesgos, el *qué* nos lleva a saber qué pasa si tomamos una u otra decisión; nos permite intuir la secuencia de eventos y su eventual final (si tomamos este atajo, ¿habrá más tráfico?, ¿llegaremos antes?). Con la pregunta de *quién*, podemos identificar a las personas afectadas por la decisión de asumir el riesgo o aquellas que pueden influir en él. Con nuestra decisión podemos causar un perjuicio o un beneficio a nuestra familia si decidimos, imaginemos, cambiar de trabajo o mudarnos de casa. Y lo que otros nos prometen puede tener un impacto en nuestra decisión, por ejemplo, un médico, un agente inmobiliario o un empleado de banca. El *quién* es una de las preguntas más relevantes, porque otorga a nuestras decisiones individuales una dimensión colectiva, profunda y moral. Nos hace ser conscientes de la responsabilidad, ya sea personal o profesional, que tenemos sobre nuestros actos.

Cuando pensamos en el *cómo*, eso nos responde a la manera en la que vamos a ejecutar nuestra decisión. ¿Necesitamos recursos, dinero, herramientas, formación? Uno no se va a subir el Everest —o dar un paseo por la montaña, más en general— sin el equipo adecuado. Igualmente, debemos responder al *cuándo* y al *dónde*. Elegir el momento y lugar adecuados también es crítico. Viajar a Laponia en verano o hacerlo en invierno serán dos experiencias bien diferentes. Elegir el mejor hospital para una operación es también clave. ¿Cuántas mujeres nos dedicamos a estudiar la oferta de paritorios cuando nos quedamos embarazadas?

Cuestionarse *por qué* y *para qué* de una decisión de riesgo es lo que nos va a indicar la motivación de enfrentarse a él. Si no hubiera un porqué, simplemente lo evitaríamos. Si no me interesa la caza, no tengo que preguntarme el porqué de participar en una cacería, con los riesgos que podría comportar, pues simplemente no lo voy a hacer. Pero si estoy valorando recibir una nueva formación, que genuinamente me interesa, debo analizar más en detalle por qué hacer esa formación y no otra. Estas preguntas son, por tanto, esenciales para entender los beneficios que vamos a obtener de correr un determinado riesgo. Es la valoración que efectuamos para determinar si vale la pena hacerlo. El sumatorio de los resultados debería decirnos si debemos o no ir adelante con ello.

También está la motivación intrínseca del individuo que desea probar ese riesgo. Ese «porque está ahí» que dijo el escalador George Mallory antes de subir al Everest. Otro ejemplo de amor puro al riesgo es el de sir Ernest Shackleton cuando quiso reclutar a sus compañeros de expedición a la Antártida. En un alarde de flema británica, el anuncio que supuestamente publicó en la prensa decía: «Se buscan hombres para un viaje peligroso. Paga reducida. Frío intenso. Largos meses en la más completa oscuridad. Peligro constante. Es dudoso que puedan regresar a salvo. En caso de éxito, recibirán honores y reconocimiento».[41] No parece que el beneficio compensara el riesgo; para este tipo de expediciones se trata más del reconocimiento interno que cada cual se haga. Es la idea de hollar tierras ignotas, de ver lo que ningún otro ojo humano haya visto, de sentir la naturaleza en su máxima expresión.

Sea extrínseco o intrínseco, el beneficio es lo que nos mueve a asumir un riesgo. Los niños lo hacen de forma instintiva, no se paran a calcular. Actúan y reciben una recompensa en forma de placer, satisfacción y diversión. Los adultos traducimos eso a desarrollo, aprendizaje, bienestar o salud. Muchos, con los pequeños riesgos del día a día, operamos igual. Pasamos a la acción movidos por el deseo o el apetito y tal vez *a posteriori* reflexionamos sobre lo sucedido. Para riesgos de mayor envergadura, en cambio, es necesario proceder a un análisis riesgo-beneficio. Un análisis que también debemos hacer en nombre de los niños, para saber si se justifica o no que afronten espontáneamente algunos riesgos. Con ligeras modificaciones, se puede aplicar a muchos otros ámbitos de la vida. Pero antes de

---

41. Según una investigación promovida por el Círculo Antártico, que ofreció en el año 2000 cien dólares a quien encontrara el anuncio original, se ha concluido que no existe, aunque sí fue magistralmente escrito y ampliamente difundido. Pero mito o no, sirve para reflexionar sobre lo que nos ocupa.

hallar el resultado de la ecuación riesgo-beneficio, habrá que despejar la incógnita del riesgo. Es un cálculo complejo, porque se trata de una incógnita con un grado de incertidumbre que no permite la obtención de un resultado preciso: el azar.

¿Existe el riesgo cero?

Dufourmantelle ya lo decía: el riesgo cero o certeza de que todo va a ocurrir según lo previsto es bastante menos habitual de lo que parece o nos quieren hacer creer algunas instancias. Existen hechos ciertos que nos hacen pensar que así es, lo que Gigerenzer llama «ilusión del riesgo cero».[42] Por ejemplo, las leyes de la naturaleza, como la de la gravedad. Sabemos también con certeza (al menos, de momento) que el Sol sale por el este y que el agua moja. Sin embargo, en cuanto hay una mínima incertidumbre, el manejo como mucho puede hacerlo tender asintóticamente a cero, pero nunca alcanzarlo. Los protocolos y medidas de seguridad están para eso, pero no pueden garantizar la certeza al 100 % y, si así lo hacen, nos están engañando. Una casa bien preparada para los incendios no quiere decir que no los vaya a sufrir, solo que es menos probable. Así que seguiremos en la incertidumbre. Cuidar de nuestra salud, por otro lado, no

---

42. Gigerenzer, G. (2014). *Risk savvy. How to make good decisions.* Allen Lane, Londres.

quiere decir que no vayamos a enfermar, solo que mejorará el pronóstico y acelerará la recuperación.

Hay algunos riesgos que pueden interpretarse errónea-mente como certezas. Podemos pensar que algo no nos va a pasar, porque no nos vamos a meter en una situación que lo propicie. O porque ese riesgo está muy alejado de nuestra vida diaria. Por ejemplo, que nuestro hijo trafique con droga o que nos multen por conducción temeraria. Aunque el riesgo de eso sea pequeño (dando por hecho que no tenemos drogas en nuestro entorno o que conducimos con mucha prudencia), no es inexistente. Puede cruzarse una mala amistad en la vida de nuestro hijo o podemos despistarnos al volante. Nunca digas «de esta agua no beberé».

Por otro lado, Gigerenzer nos habla de la «ilusión del pavo» o la impresión de que un riesgo es calculado y que, por tanto, lo podemos evitar o controlar. Esto tiene que ver con el sesgo cognitivo de la exposición previa e indemne a un riesgo, o lo que llamaríamos el efecto del lobo feroz. Cuando hemos estado expuestos repetidas veces a un riesgo y no nos ha pasado nada, es fácil imaginar que la siguiente vez tampoco va a pasar. Sea cruzando la calle o subiendo a una montaña. El riesgo, en realidad, se ha de calcular cada vez de nuevo. La ilusión del pavo se llama así porque alude a un pavo imaginario que ve todos los días a la persona que le da de comer y va ganando confianza con ella. Hasta que llega el Día de Acción de Gracias y esa persona se lo lleva para sacrificarlo y cocinarlo. El pavo había ganado confianza en vez de calcular los riesgos de forma independiente cada vez.

Calcular matemáticamente la probabilidad de que algo suceda nos da también una falsa sensación de control. Las cifras exactas nos dan seguridad. Preferimos que nos digan qué porcentaje de probabilidad hay de que llueva a si va a llover mucho o poco. Y en realidad es eso último lo que nos puede afectar más. En la figura 1, esa probabilidad conocida nos da sensación de certeza y, por tanto, de que no hay riesgo como tal. El riesgo desconocido, por otro lado, nos causa inquietud y deseamos traducirlo en la medida de lo posible en una cifra concreta. Así, preguntamos al médico el porcentaje de éxito de una intervención, o a nuestro asesor del banco por el porcentaje esperado de beneficio de una inversión.

Figura 1. *Continuum* de certeza a incertidumbre en el riesgo (adaptado de: Gigerenzer, 2014)

El rol del azar en el riesgo

«Este ha nacido con una flor en el culo», solemos decir cuando a alguien le va bien en la vida. En nuestra cultura, fuertemente impregnada por el atávico fatalismo mediterráneo y aderezada por el teocentrismo omnisciente, creemos con firmeza en la suerte. No en vano, España es el cuarto país del mundo que más dinero *invierte* en lotería, por detrás de nuestros vecinos Italia y Francia, y de China. Tenemos, por tanto, una fe inquebrantable en la suerte y, cuando admiramos —o envidiamos— a alguien que la tiene, lo achacamos al azar.

Sin embargo, otra forma de verlo sería que la suerte es para el que se la trabaja, una visión algo más habitual en culturas protestantes. Muchas veces se trata de estar en el lugar y el momento adecuados. Consiste en perseverar, no rendirse, ensayar, entrenar, probar... hasta que al final, sale. Dejar que el azar decida cómo va a resultar una apuesta tiene su gracia con la lotería, pero no cuando ponemos en juego nuestra integridad física, emocional o profesional, o la de otros. Aunque siempre habrá un componente de azar en cualquier riesgo, se trata de gestionar para minimizarlo y, en todo caso, crear las condiciones para que este nos sea favorable.

Habrá una parte que podamos gestionar de forma directa, lo que se conoce como los factores intrínsecos. Esto incluye la elección del momento y el lugar, los materiales, herramientas y recursos que vamos a utilizar, la preparación y el entrenamiento que nos da la capacidad para afrontarlo. Todo ello se resume en ese conocimiento que separa el riesgo del peligro. Si decidimos organizar una salida escolar al campo con un grupo de niños pequeños, los factores intrínsecos son el espacio que vamos a visitar, la fecha, la organización de la visita, qué protocolos debemos conocer y poner en práctica y qué actividades o juegos vamos a realizar con ellos. Es decir, todo aquello que está bajo nuestro control.

Por otro lado, habrá circunstancias que no podremos gestionar, pero que debemos conocer y caracterizar. Se trata de los factores extrínsecos. Esto incluye también el momento y el lugar, cuando no podemos elegirlos; el ambiente físico y emocional; las condiciones meteorológicas; las personas que estén directa o indirectamente implicadas en la actividad o a quienes esta pueda afectar y, finalmente, otras actividades que sucedan en ese momento y que puedan ser relevantes. Cuando mejor conozcamos esas circunstancias, aunque no las podamos cambiar, mejor preparados estaremos. De nuevo, es parte de ese conocimiento lo que nos aparta del peligro.

En estos casos, la información es poder: cuanto más podamos averiguar sobre estos factores, podremos ajustarnos a ellos e incluso cambiar de fecha o lugar de la visita. Habrá, siempre lo hay, un componente de incertidumbre que puede hacer caer la moneda de un lado u otro. Una tormenta que se gesta en minutos, un niño que tiene una reacción alérgica imprevista, otros visitantes que invaden el espacio... Cuanto mejor caracterizamos los factores intrínsecos y extrínsecos, menor será el grado de incertidumbre y mayor nuestro grado de control. Si, además, podemos cuantificar ese grado de incertidumbre, más fácil será la toma de decisiones.

El cálculo numérico del riesgo: probabilidad

La incertidumbre en el riesgo puede generar angustia cuando se trata de decisiones importantes en nuestra vida: exigimos al médico, a los banqueros y a los políticos que nos aseguren un resultado y ellos, en el mejor de los casos, nos devuelven su pronóstico en forma de porcentaje de probabilidad de que un suceso tenga lugar. Otros adivinan el futuro mirando al cielo, a los posos del café o a una bola de cristal, así que menos es nada. Debemos nuestro conocimiento cuantitativo del riesgo al filósofo y matemático Blaise Pascal, que desarrolló en el siglo XVII el cálculo de probabilidades. A él le debemos los precios de las primas de los seguros, la decisión de si nos operamos o no, o los pingües beneficios de casinos y casas de apuestas. El cálculo de probabilidades se aplica a situaciones donde el azar opera dentro de unos márgenes conocidos y con pocas variables. Por ejemplo, un billete de la Lotería Nacional en España tiene cinco cifras, por lo que tenemos una probabilidad entre 100 000 de que nos toque, si hemos comprado un boleto, porque solo cae en números enteros. La ruleta solo tiene 38 casillas y las combinaciones de un juego de cartas también son finitas. Incluso el resultado de una operación médica o financiera se puede, hasta cierto punto, estimar matemáticamente.

En primer lugar, es necesario entender el concepto de probabilidad. Matemáticamente, se define como la razón entre el número de casos favorables y el número de casos posibles de que algo suceda en un proceso aleatorio. El ya citado

Gerd Gigerenzer nos explica las variables de las que se compone:[43] por una parte, está la frecuencia de que algo suceda, es decir, el número de veces que tiene lugar un evento en un plazo o lugar determinado (días de lluvia al año, goles en propia meta en la temporada, matrículas de honor por curso). Debe ser objetivo, medible y relevante para aquello que deseamos calcular. No tiene sentido, por ejemplo, indicar la temperatura del aire en grados Kelvin si lo que queremos es saber si podemos ir a la playa ese día, pues es una escala poco útil para eso. Otro factor es el diseño físico, es decir, aquello que predispone a algo para suceder. Por ejemplo, un dado bien equilibrado tendrá siempre una probabilidad entre seis de sacar cualquiera de los lados. La probabilidad diseñada se conoce también como la propensión. Por último, están los grados de creencia, que es la subjetividad del evento y está basada en experiencias, impresiones o creencias de uno mismo, de nuestro entorno o de la sociedad en la que vivimos. Por ejemplo, en la cultura católica se cree en los milagros como posible resultado de un riesgo. Pero también está el vecino que nos recomienda su banco para nuestra hipoteca, porque a él le ha dado buen resultado.

Comunicar bien la probabilidad de un riesgo es clave y, de hecho, está sujeto a manipulación. Para que sea lo más claro y transparente posible, es mejor usar frecuencias que probabilidades de que suceda un evento único. Igualmente, es mejor explicar el riesgo en términos absolutos (va o no va

43. Gigerenzer, G. (2014). *Op cit.*

a suceder) que relativos. Me permito explicar esto con un ejemplo. Es Semana Santa cuando escribo estas líneas y, como suele ser habitual, todas las miradas se dirigen al cielo para saber si va a llover o no. Son muchos los interesados en que en Semana Santa no llueva, pero es justo en esa época cuando las borrascas y los anticiclones juegan al escondite en nuestras latitudes y resulta más complicado anticipar su comportamiento. Los servicios de predicción meteorológica nos advierten de precipitaciones en términos de probabilidad, pero, ¿qué significa que haya un 30 % de riesgo de lluvia en una determinada localidad? Simple y llanamente, significa que hay un tercio de probabilidad de que llueva. Es decir, que lo más probable es que no lo haga. Pero puede que sí, y esto es lo que cuesta aceptar. Se trata, al final, de una predicción imprecisa y en pleno siglo xxi nos cuesta aceptar la incertidumbre. En esta era de algoritmos, inteligencia artificial, máquinas autónomas, ¿cómo es posible que no sepamos a ciencia cierta si va a llover o no? Por suerte o por desgracia, aún hay muchas cosas que no podemos dominar, y el tiempo atmosférico es una de ellas.

Aprender a entender las probabilidades de que un suceso tenga lugar o no evidentemente es importante. Un ejemplo que me viene a la cabeza es reciente y relevante. En enero de 2025 se detectó un asteroide, bautizado como 2024 YR4, que traía rumbo de colisión con la Tierra, contra la que se estimaba que impactara en 2032. Por su tamaño, de entre 50 y 90 metros de diámetro, se esperaba que fuera capaz de destruir una ciudad entera, si acertaba a caer sobre una. Se calculó inicialmente que tenía un 1,5 % de probabilidad de impactar, cifra que subió al 3,1 % poco después. Algún cibernauta sacó un titular que, sin ser falso, disparó las alarmas: «Aumenta *en* un 100 % la probabilidad de que impacte el asteroide». En efecto, el 3,1 % es más o menos el doble que el 1,5 %, pero sigue siendo una probabilidad muy pequeña. Pero qué diferente sería ese titular si cambiamos una preposición y decimos que «aumenta *al* 100 % la probabilidad de impacto». Ahí ya es seguro: el asteroide nos dará de lleno. Conviene leer siempre la letra pequeña. Alerta de destripe (si lees esto antes de 2032): los últimos cálculos indican que nos esquivará.

Otro factor que influye en nuestra percepción de la probabilidad es la espectacularidad de los eventos que vemos en la prensa. Un ejemplo muy claro son los accidentes de avión. El Observatorio del Transporte y la Logística en España, organismo dependiente del Ministerio de Transportes y Movilidad Sostenible, indica que la media anual de accidentes de aviación en España está en 28, incluyendo todo tipo de aeronaves civiles (es decir, incluidos aviones privados, avionetas y helicópteros), de los cuales solo el 8 % son vuelos comerciales. En 2022 hubo dos víctimas mortales, ninguna de ellas de vuelo comercial; la media de los últimos diez años es de nueve por año. Traducido a probabilidad, uno de cada 8 000 000 de pasajeros muere en accidentes de aeronave, un 0,0000125 %. Imaginando que voláramos todos los días del año, tardaríamos 21 000 años en tener un accidente mortal. Pero claro, cuando cae un reactor con centenares de pasajeros, suelen perecer todos y es un hecho no solo traumático para las familias de las víctimas, sino espectacular y conmovedor para la sociedad en general. Si comparamos estos datos con los de las víctimas de accidentes de automóvil, en el año 2022 hubo casi 100 000 siniestros con víctimas en España, de las cuales 1714 fallecieron. La probabilidad de morir en accidente vial, según cifras del Consejo Nacional de Seguridad de los Estados Unidos, asciende a un 1 %, cinco órdenes de magnitud superior al avión.

Este ejemplo sirve para entender no solo el riesgo absoluto, sino también el relativo. Es frecuente encontrar carteles o titulares que dicen que, en un determinado tramo de carretera, una cuarta parte de los fallecidos en accidente no llevaban puesto el cinturón de seguridad. Esto nos puede inducir a la falsa interpretación de que llevarlo es más inseguro (porque tres cuartas partes de ellos sí lo llevaban y, pese a ello, sufrieron también las consecuencias de un accidente).

También es importante distinguir los conceptos causalidad y correlación. En un ejemplo citado por la profesora Macho Stadler, de la Universidad del País Vasco, el hecho de que en Marsella aumentaran simultáneamente las poblaciones de niños y cigüeñas no es una prueba fehaciente de que las cigüeñas traen a los bebés. Eso es una correlación. O, dicho en román paladino, casualidad, ¡que no causalidad! Esto último, causalidad, se conoce también como relación causa-efecto. El ejemplo clásico, en materia de riesgos, es la incidencia de fumar sobre el aumento de probabilidad de sufrir un cáncer de pulmón.

El cálculo cualitativo del riesgo

No todos los riesgos se pueden medir cuantitativamente. Cuando queremos hacer una actividad de riesgo en la que interviene el comportamiento humano o el ambiente natural, el número de variables se dispara y es imposible realizar cálculos precisos. Ahí ya debe intervenir una habilidad tan humana como difícil de definir: la intuición. El Diccionario de la Real Academia de la Lengua Española la define como la «facultad de comprender las cosas instantáneamente, sin necesidad de razonamiento». Se manifiesta en forma de corazonada o pálpito y resulta difícil de explicar y convencer de ella a otros. Es la clarividencia de los escaladores que deciden que ese «no es el día» para ascender a una cumbre, sin nada que apunte a que vaya a haber dificultades, para que, horas después, cambie el tiempo o se rompa una pieza del material. Algo se lo hizo intuir.

El instinto o la intuición es uno de los ingredientes de ese conocimiento al que me vengo refiriendo, y que marca la diferencia entre riesgo y peligro. Una parte viene de serie, hay personas más intuitivas que otras, pero la otra gran parte se adquiere con la experiencia. Cuando nos exponemos a un peligro (o un riesgo cercano a materializarse en forma de peligro), podemos tener un presentimiento —un sentimiento previo— que nos alerta de las posibles consecuencias. A medida que ganamos experiencia, seremos capaces de identificar mejor esos sentimientos a veces inciertos. La intuición actúa como un mapa de experiencias previas que nos permite orientarnos en las nuevas, buscando patrones y similitudes. Con una mayor experiencia, el mapa será más nítido y detallado. Si la situación es completamente nueva, nos resultará más difícil identificar sensaciones, porque el mapa estará prácticamente en blanco.

La intuición no nos permite hacer un cálculo de probabilidades exacto, pero sí aproximarlo de forma cualitativa. Algo puede tener mayor o menor probabilidad, según nos indiquen la experiencia y la percepción. En el lenguaje coloquial hablamos de «mucho» o «poco», respectivamente. Pensemos en si es poco probable que nos roben en este barrio o en si habrá mucha gente en la playa. No solemos acompañar esa información con datos y estadísticas, simplemente nos basamos en nuestro conocimiento de la situación, según las experiencias previas. Con esta distinción tan sencilla, podemos decidir entonces si vale la pena o no afrontar ese riesgo.

Una vez realizados los cálculos de riesgo, debemos confrontar dos variables para saber cómo gestionarlos: la probabilidad y el impacto. Sobre la probabilidad de que algo suceda ya he hablado. Algunos autores también lo definen, en este contexto, como la «peligrosidad» de un evento. Se puede ser muy fino o muy grueso haciendo ese cálculo. Se puede dividir fácilmente en dos o tres categorías generales, lo cual hace operativa y cómoda la elaboración de protocolos, por ejemplo, en una escuela. Digamos, en ese caso, que un evento tiene una probabilidad alta, media o baja de suceder, siendo la alta varias veces por curso escolar (o por trimestre); la media al menos una vez por curso escolar, y la baja, que ocurre menos de una vez al año (véase la tabla 4).

Un factor importante a tener en cuenta y que afecta al impacto es la vulnerabilidad. Hay quien lo considera una tercera variable, aunque, al ser dependiente, la incorporo al impacto, pues lo reduce o lo incrementa según sea el caso. La vulnerabilidad se define como la susceptibilidad de sufrir efectos adversos de un evento de riesgo, y viene dada por condicionantes físicos, ambientales, sociales, económicos, etc. Está muy relacionada con los factores intrínsecos y extrínsecos antes mencionados. *Grosso modo*, la vulnerabilidad es el opuesto del conocimiento. Cuanto más preparados estemos, mediante (in)formación, protocolos, entrenamiento, simulacros, comunicación, etc., menor será nuestra vulnerabilidad. Se suele asociar este concepto a la gestión de catástrofes naturales, comparando, por ejemplo, los efectos del terremoto de Haití de 2010, cuya magnitud fue de 7.1 en la escala de Richter y dejó más de 200 000 víctimas mortales, con el de Japón de 2011, con una magnitud de 9 y 18 000 fallecidos.[44] La diferencia fue el grado de preparación que tenía una sociedad frente a la otra. Se puede aplicar también a cuestiones más de andar por casa, como la vulnerabilidad de nuestro hogar a incendios, riesgo eléctrico o inundaciones. El mantenimiento

---

44. Para más detalles, véase: Varley, N., y de la Cruz López, A. (2022). *Comparación de vulnerabilidades: Sismo de Haití 2010 y Japón 2011; una revisión desde el enfoque de Gestión de Riesgos.* Universidad de Colima, México.

y las revisiones de equipos, las buenas prácticas en el uso de aparatos eléctricos o del inodoro, pueden llevarnos muy lejos en la prevención. La vulnerabilidad también puede ser personal o social, en función de la preparación y entrenamiento que tengamos para determinadas situaciones que puedan darse en la calle o fuera de la burbuja familiar. Es, en definitiva, un factor multiplicador o divisor del impacto, en función de si es alta o baja, respectivamente.

El impacto también puede dividirse, de forma práctica, en varios niveles, como puede verse en la tabla 4. El alto puede ser aquel que requiera medidas de gran envergadura, como la hospitalización de una víctima o medidas de reparación, apoyo externo o modificación significativa de procedimientos (si no está relacionado con la salud). El nivel medio requiere intervención, pero se puede resolver *in situ*, con el personal y los medios de los que dispone el lugar en el que tiene lugar el evento. Puede requerir ajustes en procedimientos, o pequeñas modificaciones o reparaciones, si se trata de un impacto material. El último nivel, el bajo, no requiere intervención y, si acaso, se recomienda vigilancia por si hay cambios.

El cálculo global del riesgo se obtiene cruzando la variable de la probabilidad con la del impacto que tiene ese posible evento cuando se produzca. Es en el cruce de estas variables donde se establecen los protocolos de actuación, como puede verse en la tabla 4. Tanto para la probabilidad como para el impacto puede haber más niveles, según el grado de detalle que se precise en cada caso:

Calculando los riesgos

Tabla 4. Cuadrante de niveles de riesgo

Niveles de riesgo		Probabilidad		
		Baja	Media	Alta
Impacto	Alto	2	3	4
	Medio	1	2	3
	Bajo	0	1	2

Donde:

Probabilidad
Alta: sucede con frecuencia (p. ej., más de una vez al mes)
Media: sucede ocasionalmente (p. ej., varias veces al año)
Baja: sucede raramente (p. ej., menos de una vez al año)
Impacto
Alto: accidente (p. ej., requiere atención médica en un centro de salud u hospital)
Medio: incidente (p. ej., requiere atención que puede proporcionarse *in situ*)
Bajo: sin consecuencias (p. ej., no requiere atención)

Las categorías 0 y 1 de la tabla 4 pueden considerarse riesgos leves o aceptables. El primero requiere observación o vigilancia pasiva, es decir, que no se hace nada, salvo que algo cambie. Para el segundo, se recomienda una observación o vigilancia activa, mediante la elaboración de recomendaciones de actuación. Las categorías 2 y 3 pueden considerarse riesgos moderados. En el primer caso, se actúa mediante gestión pasiva, con medidas de prevención, mientras que el segundo requiere una gestión activa, que se traduce en medidas de mitigación. Finalmente, la categoría 4 es un riesgo severo que debe evitarse, pues se convierte en peligro. Todos los niveles de riesgo deben acompañarse de protocolos de actuación adaptados a cada nivel, con grados de intervención creciente a medida que aumenta la severidad. En el último caso, el protocolo debe indicar cómo evitar el riesgo.

El cruce de probabilidad e impacto se puede explicar con un ejemplo muy sencillo que ilustra la figura 2, que para facilitar la lectura solo ha usado dos niveles para cada variable.

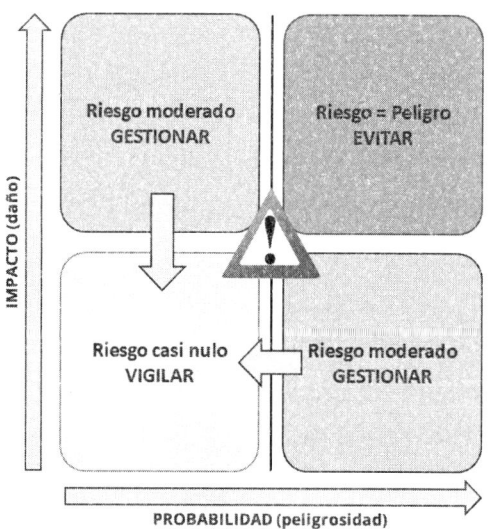

Figura 2: Matriz de gestión del riesgo

Imaginemos una escuela a la que le gusta salir a la naturaleza con frecuencia (o una escuela en la naturaleza como tal). Un riesgo leve sería, por ejemplo, que un niño cayera al correr por un terreno liso. Es poco probable que suceda si no hay obstáculos, pero la probabilidad no es nula. De cualquier modo, se espera que el impacto sea bajo, pues no habrá desnivel ni rodará por el terreno. Puede tener la mala fortuna de impactar con la cabeza, aunque de nuevo lo más probable es que se lleve tan solo un raspón en la mano. Este riesgo no requiere mayor protocolo que una vigilancia, para ver si el suelo resbala o hay elementos que puedan causar daño (piedras, basura, agujeros). Sería absurdo, en este nivel de riesgo, establecer por protocolo que los niños lleven casco.

En el otro extremo, el riesgo severo, podríamos imaginar que los niños deben cruzar una autopista para llegar al lugar de juego. Es evidente que no la van a cruzar a pie por donde pasan los coches; es un riesgo a evitar, pues hay alta probabilidad de atropello y el impacto de este es funesto. Habrá que buscar una medida de gestión o adaptación que reduzca el nivel de riesgo o evite esta situación. En este caso, lo recomendable es cruzar por un puente o un paso subterráneo que esté habilitado para peatones. O bien usar un vehículo para llegar a esa zona. En última instancia, se puede buscar otro lugar de juego que tenga un acceso más fácil.

Los niveles intermedios son los más interesantes porque son los que dan más margen para el beneficio. El cuadrante suroccidental de la gráfica muestra un riesgo moderado con baja probabilidad y alto impacto. Pensemos, por ejemplo, en una tormenta eléctrica. Es poco probable que suceda, pero cuando lo hace, puede ser peligroso. Dado que es algo que no tiene una frecuencia grande, la gestión más lógica es no salir ese día y dejarlo para otra fecha. O buscar un lugar en el que refugiarse en caso de que finalmente se produzca la tormenta. Este cuadrante necesita, por tanto, de un manejo activo, mediante medidas y protocolos de actuación (buscar otra fecha, pensar en un refugio). La alternativa más habitual, sin embargo, es simplemente cancelar la salida.

En el cuadrante nororiental de la gráfica encontramos igualmente un riesgo moderado, esta vez con alta probabilidad y bajo impacto. En una salida al campo es muy posible que nos encontremos con animales, sobre todo con insectos. En ciertas épocas del año, la probabilidad de picadura es alta, aunque el impacto es bajo una vez pasado el momento agudo de dolor (un caso especial son las personas alérgicas, que requerirán otro tipo de medidas). Para reducir el riesgo de picadura, se pueden proponer medidas como el uso de ropa de un determinado color, calzado cerrado, perneras largas, camisetas con mangas e incluso repelente.

La valoración del riesgo y del riesgo-beneficio debe ser lo más detallada posible. Cuanta más información tengamos y mejor preparados estemos, más capaces seremos de asumir riesgos y, por tanto, obtener beneficios de ellos. La gestión, con medidas y protocolos adecuados para cada nivel, es fundamental para afrontarlos con comodidad y mínimo daño. La opción por defecto que encontramos en la sociedad, y mucho más en la escuela, que es evitar todo riesgo por manejable que este sea, minimiza el beneficio y nos perjudica a largo plazo. En los siguientes capítulos veremos cómo gestionar los riesgos y maximizar así los beneficios que nos pueden proporcionar, con un daño tendente a nulo.

4.
Las edades del riesgo

«Las perlas no crecen en la costa. Si quieres una
tienes que bucear para conseguirla».

PROVERBIO CHINO

Las etapas del desarrollo humano

Es evidente que con la edad, en general, las personas nos volvemos más cautelosas. Esta no es una evolución lineal; hay grandes altibajos, que además son acompañados por nuestro entorno social con aprobación o cautela, según los casos. De bebés aprendemos a conocer el mundo explorándolo con todos los sentidos. Uno de ellos, la boca, funciona como una tercera mano. Cualquier progenitor sabe lo intenso que es este período en el que los niños se llevan todo a la boca, sin discriminar si es o no comestible, si se pueden atragantar con ello o por lo menos si está limpio. Cuando ya empiezan a andar, se pone aún más interesante, porque a esa intensidad se le añade ir todo el día encorvado. Menos mal que la biología nos obliga a tener hijos en la juventud, porque el desgaste físico y mental en esos primeros años es importante.

Pasada esa etapa intensa, la infancia media es un cierto remanso de tranquilidad. Los hijos siguen nuestras directrices con cierta fidelidad y van adquiriendo poco a poco destrezas y habilidades que ayudan a gestionar los riesgos que conocen, de forma paulatina y predecible. Pero al llegar la adolescencia hay otro desfase entre el conocimiento del riesgo y su gestión, que viene derivado de la maduración natural de su cerebro. Necesitan probar cosas nuevas y hacerlo sin la guía de los padres. Los nuevos riesgos son, cómo no, de mayor envergadura.

En la edad adulta se da un período de estabilidad, donde los riesgos tienen más que ver con lo emocional, lo profesional o están en la interfaz entre lo personal y las empresas de servicios como bancos, seguros o médicos. Una vez que ya hemos alcanzado una cierta posición social, cuando los hijos ya son casi autónomos y tenemos más capacidad económica, ataca la crisis de los cincuenta (antes era la de los cuarenta). Sobre todo, los hombres redescubren un interés por actividades más propias de la juventud. Es la época de comprar una moto, una lancha o probar algún deporte de riesgo que requiera de un equipo que en su día no nos podíamos permitir comprar. En esta etapa, nuestro entorno nos admira, nos envidia o puede que también nos ridiculice por este renovado vigor. Finalmente, en la senectud, nos volvemos más temerosos. Todo nos parece más inseguro y peligroso que nunca; no nos fiamos ni de nuestra propia sombra. Los abuelos sobreprotegen a los nietos, suscriben toda clase de seguros y se dejan embaucar por empresas que les venden tranquilidad en situaciones que no lo requieren. Son muchos los psicólogos que han analizado las etapas del desarrollo humano según diferentes criterios. Por ejemplo, el padre del psicoanálisis, Sigmund Freud, lo hizo con hincapié en la perspectiva sexual, como bien es sabido. Aquí utilizaré el marco del desarrollo psicosocial, creado por el también psicoanalista Erik Erikson, en el que interviene la gestión de los riesgos. Él distingue ocho etapas del desarrollo humano,[45] en las cuales tenemos una diferente relación con el riesgo.

- *Etapa 1: confianza vs. desconfianza* (bebés desde el nacimiento hasta los 18 meses). En esta etapa es necesario construir un marco de seguridad y confianza con el niño, que verá a sus padres como un bastión, como su refugio seguro. Es en esta etapa cuando se construye el apego, que durará de por vida.
- *Etapa 2: autonomía vs. vergüenza y duda* (infancia temprana, desde los 18 meses hasta los tres años). A esta edad, los niños ya inician la exploración del mundo, con los padres siempre cerca. Les sirven de refuerzo y ánimo para afrontar y descubrir todo lo nuevo que los

45. Vogel-Scibilia, S. E., McNulty, K. C., Baxter, B., Miller, S., Dine, M. y Frese, F. J. (2009). «The recovery process utilizing Erikson's stages of human development». *Community Ment Health J.* 45 (6): 405-414.

rodea. Comienzan a realizar algunas tareas sencillas por sí mismos, por lo que se debe celebrar esa ganancia de control.

- *Etapa 3: iniciativa vs. culpa* (infancia media o etapa preescolar, desde los tres hasta los cinco años). Aumenta el radio de acción y ya se les puede dejar hasta cierto punto solos, en ambientes controlados. El juego es más físico, hay movimiento constante. Ya empiezan a socializar y a establecer límites en las relaciones. Sienten que pueden tener algo de control sobre el entorno.

- *Etapa 4: laboriosidad vs. inferioridad* (infancia tardía o etapa escolar primaria, desde los seis hasta los 11 años). Son ya casi autónomos en todas las acciones. Con esta edad los niños van siendo conscientes de sus capacidades y competencias. En esta etapa es crucial recibir un refuerzo positivo sobre los logros que alcanzan.

- *Etapa 5: identidad vs. confusión* (adolescencia o etapa escolar secundaria, desde los 12 hasta los 18 años). Aquí se construye la identidad del individuo, razón por la cual se distancian de los que hasta entonces fueron sus referentes adultos. Hay una gran necesidad de independencia y control, que satisfacen probando sus límites físicos y emocionales. El acompañamiento debe hacerse con discreción, pero con firmeza.

- *Etapa 6: intimidad vs. aislamiento* (adultos jóvenes, desde los 18 hasta los 40 años). En esta etapa se exploran las relaciones con otras personas, tanto de amor como de amistad. El cuerpo es joven y responde bien a los desafíos físicos, por lo que los mayores riesgos son emocionales. Aquí ya no hay apenas soporte de otros adultos; en esta etapa ya somos plenamente capaces y autónomos, y en todo caso pasamos a ser acompañantes.

- *Etapa 7: generatividad vs. estancamiento* (mediana edad, desde los 40 hasta los 65 años). Es la etapa del asentamiento, de afianzar logros personales y profesionales. El mayor riesgo es no conseguir el estatus y la autorrealización, según lo esperado. Los hijos ya han crecido y la atención se centra de nuevo en el individuo, que aún se siente capaz de afrontar nuevos desafíos.

- *Etapa 8: integridad vs. desesperación* (adultos mayores, desde los 65 años hasta la muerte). En esta etapa toca echar la mirada atrás y reflexionar sobre lo vivido y logrado en la vida. Hay poca tolerancia natural al riesgo, tanto si nos afecta directamente como si lo hace con seres queridos, pues la fragilidad ya es patente. La experiencia vital propia hará que se mantenga o no el espíritu de aventura que hayamos podido tener previamente.

En este capítulo recorreré las diferentes etapas del desarrollo humano para ver cómo se afrontan los riesgos en cada una, centrándome en las que atañen a la infancia, aunque algo me detendré en la adolescencia y dejaré también unas notas sobre el resto de las etapas.

Estilos de crianza y riesgos

Son muchos los intentos de clasificar los estilos de crianza, que se han popularizado en libros y manuales prácticos para familias. Desde el punto de vista más académico, se han descrito cuatro estilos canónicos, a saber, autoritario, autoritativo, indulgente y negligente.[46] Es evidente que en toda familia conviven varios de ellos, en función del momento, de cada hijo, de la situación e incluso de cada progenitor en concreto. La crianza estará también muy mediada por el contexto social, cultural y espiritual de cada familia y a quiénes considera sus referentes morales. Habrá sin duda influencia de la familia extendida (tíos, abuelos) e incluso de lo que indiquen otras figuras de autoridad como los tutores en el colegio, el párroco, si es el caso, o eventuales terapeutas. Sirva, sin embargo, esta breve descripción para entender cómo cada estilo influye en la actitud hacia los riesgos:

- *Estilo autoritario*: es un estilo de crianza estricto, exigente e intransigente, basado en la obediencia, el perfeccionismo y el control. Existe poca comunicación y afectividad de padres hacia hijos. Desde el punto de vista de la gestión de los riesgos, son padres muy con-

---

46. Clasificación desarrollada por Baumrind, D. (1971). «Current patterns of parental authority». *Developmental psychology*, 4(1p2):1, y Maccoby, E.E., y Martin, J.A. (1983). «Socialization in the context of the family: Parent-child interaction». *Handbook of child psychology*, 4:1-101.

troladores, con muy baja tolerancia a la incertidumbre y, por tanto, presentan una actitud restrictiva hacia ellos. Llegado el caso, por efecto rebote, este estilo puede fomentar las conductas de riesgo en edades más avanzadas, siendo entonces más peligrosas por no haber sido entrenados para gestionarlas antes y haber tenido muy limitada la capacidad para tomar decisiones. Sus dificultades para aceptar límites pueden venir de una reacción a un exceso de ellos en la infancia. Este modelo se conoce popularmente como «padres tigre».

• *Estilo autoritativo o democrático*: los padres determinan las normas, pero hay margen para la negociación, sin que los adultos pierdan el control. La comunicación es fluida y hay afectividad genuina. En este tipo de familias, los riesgos son sopesados y explicados. Se valora con cuidado qué riesgos son adecuados y cuáles no, con una actitud proactiva y de escucha. La exposición paulatina a los riesgos fomenta la resiliencia y la capacidad de ir afrontándolos de manera cada vez más madura y autónoma. Este estilo, aunque cercano a la crianza de apego o crianza natural, no deja de reconocer que la responsabilidad última está en los adultos, que son quienes deben poner unos límites razonables en la vida diaria.

• *Estilo indulgente o permisivo*: contrariamente al primero, los padres dan amplia autonomía a los hijos, basándose en su individualidad y capacidad de autorregulación. La comunicación es fluida y hay gran afectividad, pero no tanto control. Los riesgos se consideran parte del aprendizaje de los hijos y se les invita a que aprendan a gestionarlos de forma autónoma, sin reflexionar demasiado sobre ellos. Con la edad, los hijos irán aprendiendo a manejarlos de forma automática, aunque no siempre ajustada. Estas familias suelen practicar la crianza de apego, aunque a veces hay dificultades para acordar o imponer límites. Cuando eso sucede de forma más evidente, se conoce este estilo como «padres de corral», es decir, aquellos que cubren las necesidades básicas de los niños, pero dejan que ellos se las gestionen.

• *Estilo negligente*: este estilo es tan tolerante con las exigencias filiales que se cae en la indiferencia paterna. No hay demasiada interacción entre progenitores e hijos, por lo que la comunicación y la afectividad son deficientes, y el control es bajo. No hay mucho interés por el manejo del riesgo; se le presta atención solo de forma reactiva, cuando el daño ya está hecho. No hay reflexión ni habrá un aprendizaje a largo plazo, por lo que, con la edad, los hijos podrán incurrir en conductas de riesgo sin las herramientas necesarias para su gestión. Tendrán igualmente dificultades serias para aceptar los límites, pues no los habrán experimentado en su infancia. Con el advenimiento de los móviles inteligentes, muchos progenitores delegan en ellos el cuidado y el entretenimiento de los niños, o dejan que las cuidadoras (generalmente mujeres) los usen indiscriminadamente a tal fin. En este último caso, además, con el desconocimiento de lo que ven, pues lo hacen desde un dispositivo ajeno y con un contexto sociocultural diferente al de la familia. Estos niños con «niñera digital» forman parte de lo que se conoce como «niños huérfanos con padres vivos».[47]

Una variante a caballo de los estilos autoritario y permisivo son los llamados «padres helicóptero» o, con un grado aún mayor de intervención, «padres quitanieves», un fenómeno que ha cobrado relevancia en el siglo XXI. Supervisan todo lo que sucede a sus hijos y eliminan cualquier obstáculo en su camino. Son muy exigentes con el entorno, pero no tanto con sus hijos. Su obsesión con facilitarles la vida llega a hacerles participar en cuestiones académicas o profesionales de sus hijos, siendo estos ya adultos. No es raro encontrar a estos padres en el despacho de un profesor universitario, tratando de negociar la subida de una nota, por ejemplo. Con las tecnologías actuales, los menores están monitorizados al máximo: leemos sus móviles en remoto, conocemos su ubicación en tiempo real y les ponemos subrepticiamente chips en la mochila para que también sepamos dónde están sus cosas. Con este seguimiento tan estrecho, la autora Eva

---

47. Esta expresión se acuñó originalmente para describir a hijos de padres ausentes, por abandono del hogar familiar. Dado que se refiere a situaciones de índole emocional, aplica también a padres adictos al móvil; físicamente presentes, pero no emocionalmente disponibles.

Millet denuncia que «la paternidad se ha profesionalizado».[48] Desde la perspectiva de los riesgos, este estilo de crianza no permite que los hijos tengan un contacto paulatino y saludable con ellos, por lo que no aprenden a manejarlos. Al mismo tiempo, no están acostumbrados a navegar con límites que otros puedan imponer, por lo que no tendrán autonomía para tomar decisiones, pero no aceptarán las que otros tomen en su lugar. Es una situación muy clara en la que el riesgo, a falta de conocimiento y falta de ganas de adquirirlo, se convierte en un claro peligro.

Este último estilo va parejo con la necesidad social de seguridad a toda costa. Los catálogos de puericultura están repletos de aparatos y accesorios que la garantizan y nos hacen sentir irresponsables si no los adquirimos. Uno de los peligros de esta deriva es que se está criando así a una generación de niños de «algodón».[49] La socióloga Sharon Hays acuñó ya a finales de los noventa del siglo pasado el término «maternidad intensiva» para describir a esas madres que dedican «una enorme cantidad de tiempo, energía y dinero a la crianza de sus hijos»,[50] mientras que su colega, Frank Furedi, denuncia que hemos creado una falsa imagen del infante como ser vulnerable y en constante peligro. Las auto-

48. En su refrescante libro: Millet, E. (2016). *Hiperpaternidad*. Plataforma Editorial, Barcelona.
49. Tal como lo llama Nikiforidou, Z. (2017). «The cotton wool child». En: Owen, A. (ed.) *Childhood today*. SAGE, Londres, pp. 11-22.
50. Hays, S. (1996). *The cultural contradictions of motherhood*, Yale University Press, New Haven / Londres.

ridades instan a los progenitores a mantenerse en un estado de máxima alerta, en todo lugar y en todo momento, fomentando un estilo de crianza paranoica.[51] La crianza sobreprotectora produce inseguridad y miedo en los propios niños. La generación Z (nacidos entre 1997 y 2012) es la que más medicación toma para la depresión y la ansiedad, comparado con coetáneos de generaciones anteriores. En la interfaz entre familias y niños están los terapeutas, que prescriben esta medicación. Al fin y al cabo, también forman parte de una sociedad que, en general, persigue una respuesta instantánea y se traduce en un estilo de educación y cuidado que no proporciona herramientas de gestión, sino que resuelve lo más superficial e inmediato. La periodista Abigail Shrier advierte del rol de psicólogos, orientadores escolares y trabajadores sociales en la patologización de la crianza, que desde su postura de autoridad no hacen sino agravar.[52] El sistema tampoco ayuda, con sesiones tasadas en el tiempo y con el escaso conocimiento que pueden adquirir del educando o paciente en ese lapso, que los lleva al alivio sintomático y no atacan la raíz. La medica-

---

51. El subtítulo de su libro no deja lugar a dudas: Furedi, F. (2002). *Paranoid parenting. Why ignoring the experts may be the best for your child.* Chicago Review Press, Chicago, Estados Unidos. No es el único que habla en estos términos. Otro que desmitifica la vulnerabilidad de la infancia, en clave de humor, es: Barnes, C. (2010). *The paranoid parents' guide.* Health Communications Inc., Deerfield Beach, Estados Unidos.
52. En su polémico libro: Shrier, A. (2024). *Mala terapia. Por qué los niños no maduran.* Deusto, Mimetiz, Vizcaya.

ción es sin duda útil y necesaria en muchos casos; en otros es un apoyo muy bienvenido, pero las cifras hablan claro: a los menores se los medica más que nunca. ¿Es el resultado de una sociedad más genuinamente consciente de la importancia del bienestar? ¿O es esta misma sociedad la que está patologizando el riesgo, reforzándonos unos a otros en la búsqueda de un estado de gracia ficticio? Digamos, al menos, que llueve sobre mojado.

Comeduras de tarro como estas dan pie a lo que el psicólogo David Anderegg denominó «paternidad científica»,[53] término que seguramente Furedi también aprobaría. Nos perdemos tanto en los manuales de crianza que no tenemos tiempo para disfrutarla. Millet habla de una «hiperpaternidad» que genera hijos «hiperprotegidos e hipermiedosos». Bajo la premisa de que los padres somos responsables de su bienestar y seguridad, nos hemos ido al otro extremo del péndulo y no dejamos que nada o nadie los roce. En palabras del periodista Carl Honoré, «marinados en el pánico adulto, los niños claramente han absorbido el mensaje de que el mundo es un lugar peligroso y la única manera de sobrevivir es poniendo la seguridad por delante».[54] La antropóloga Jay Griffiths[55] considera esta aversión al riesgo no solo irritante,

53. Anderegg, D. (2004). *Worried all the time: Rediscovering the joy in parenthood in an age of anxiety.* Free Press, Nueva York.
54. Honoré, C. (2019). *Bajo Presión: Cómo educar a nuestros hijos en un mundo hiperexigente.* DeBolsillo, Barcelona.
55. Griffiths, J. (2013). *Kith: The riddle of childscape.* Penguin Books, Londres.

sino también conceptualmente malvada. Va en contra del instinto de los niños de buscar la aventura y tentar a la suerte, y les limita la oportunidad de aceptar el azar y el riesgo en sus vidas, una parte consustancial al ser humano (nótese que uso la palabra «ser» en este contexto como verbo y como sustantivo, pues para ambos sirve). Pierden, pues, la capacidad de unir cuerpo, mente y alma mediante la práctica de actividades físicas arriesgadas, como hacer una fogata, trepar a un árbol o subir a una montaña. El coraje que se necesita para alcanzar estos hitos es el que necesitarán más adelante en el ejercicio de su profesión o en su rol de cabeza de familia. Sin esas experiencias, el esfuerzo de vivir será mayúsculo.

Son muchos los autores que denuncian el estilo de vida occidental como el culpable de la falta de autonomía y resiliencia de los niños del siglo XXI. Con la idea de prepararlos mejor para la vida, los apuntamos a clases de todo tipo y el poco tiempo libre que tienen está tan fragmentado que no pueden desarrollar ninguna actividad en genuina libertad.[56] Estos estilos de crianza están centrados en el niño, son guiados por expertos y, sobre todo, son emocionalmente absorbentes, laboriosos y económicamente costosos, según Hays. El ya citado Furedi puntualiza que, cuando se habla de niños vulnerables por pertenecer a colectivos «en riesgo», uno

---

56. Los ya citados Andreregg, Furedi, Griffiths, Honoré o Millet. Cabe incluir en esta lista a la periodista y viajera Michaeleen Doucleff, que describe el estilo de crianza de diversas etnias del mundo en: Doucleff, M. (2021). *Hunt, gather, parent. What ancient cultures can teach us about raising children.* Harper Collins Publishers, Dublín.

piensa en familias desestructuradas, con problemas sociales, en situación de pobreza, etc. Pero también son vulnerables aquellos niños a los que no se les deja crecer, que se los encierra en una burbuja de (falsa) seguridad. La socióloga Ellie Lee, discípula de Hays y Furedi, y sus colaboradores indican que los progenitores se convierten así en un «factor de riesgo» para sus hijos, por las oportunidades de crecimiento y aprendizaje autónomo que reprimen.[57]

Quizás en respuesta a tanto helicóptero sobrevolando las cabezas de los niños, otra mezcla de estilos de crianza que ha surgido en los últimos tiempos es la crianza FAFO, del inglés *«fuck around and find out»*, expresión coloquial que podría traducirse libremente como «cágala y verás». Queda a mitad de camino entre lo autoritativo y lo permisivo. Más poéticamente, la psicóloga Alison Gopnik habla de «padres jardineros», que dejan crecer a sus hijos de forma más orgánica, en oposición a los «carpinteros», que los moldean a su gusto.[58] La crianza jardinera consiste en dar más autonomía a los niños, de forma gradual. Ir perdiéndolos de vista poco a poco, con pequeños recados como ir a comprar el pan o acudir a fiestas de pijamas. Más adelante se les anima a ir solos al colegio y, ya adolescentes, hacer un voluntariado o colaborar con alguna asociación. En ambos casos, FAFO y

57. Lee, E., Bristow, J., Faircloth, C., y Macvarish, J. (2014). *Parenting culture studies*. Palgrave MacMillan, Hampshire, Reino Unido.
58. Gopnik, A. (2018). *¿Padres jardineros o padres carpinteros?: Los últimos descubrimientos científicos sobre cómo aprenden los niños*. Eds. Martínez Roca, Madrid.

jardinería, se trata de dejar que los hijos cometan sus propios errores y aprendan de ellos, con una mínima supervisión para que estos no sean irreversibles.

Ajeno a toda esta taxonomía de la crianza humana, Neil Postman, profesor de comunicación en la Universidad de Nueva York, decía que «la infancia es un artefacto social» que surge en el momento en que los niños se convierten en una clase aparte, que debe ser criada y educada para el futuro. La escuela se convierte así en el gueto de esta clase social, basado no en su poder adquisitivo, raza o religión, sino en su edad. Se los separa y confina así del resto de la sociedad, a la que vuelven en sus ratos libres. Esos ratos de convivencia con la familia permiten el ejercicio de su niñez, pero se han ido reduciendo con el tiempo. El propio Postman denuncia la desaparición de la infancia como concepto, que queda aprisionada entre una infancia temprana[59] cada vez más sobreprotegida y la juventud, cada vez más sexualizada y, por tanto, adelantada, quedando apenas hueco para que, en el escaso tiempo libre que tienen, los niños puedan ejercer de tales. A finales del siglo xx, tan conectados como estaban a los medios de comunicación de entonces, televisión primero y ordenadores después, se perdían una etapa fundamental de su desarrollo. El psicólogo y profesor de la Universi-

---

59. Postman, N. (1998). *Desaparición de la niñez*. Círculo de Lectores, Barcelona. En su libro distingue entre *infancy* (infancia temprana) y *childhood* (niñez). Aquí hablo de infancia en su conjunto, que abarca desde el nacimiento hasta la adolescencia, y matizo cuando el contexto lo precise.

dad de Tufts, Estados Unidos, David Elkind estaría de acuerdo con él. Por una parte, imponemos la vida adulta a los niños, a través de la exposición a los medios de comunicación —como también denunciaba Postman—, y a la vez tratamos de acelerar su desarrollo con agendas de ministros, sin tiempo para ser ellos mismos o incluso para pensar si les interesan todas esas actividades que imponemos los padres.[60] Esa infancia de la que habla Postman, y que ya analizó también el historiador francés Philippe Ariès,[61] tuvo su época dorada en la segunda mitad del siglo xx, y somos los adultos de hoy quienes deberíamos hacer todo lo posible por regalarles esa misma experiencia que pudimos vivir nosotros.

Ahora, en el siglo xxi, los niños viven en ese extraño limbo entre infantilización tardía y adultización precoz. Así, poco a poco, se está viendo que este grupo de estilos de crianza (helicóptero, paranoico o científico) tan controlador acarrea problemas y hay una demanda por parte de expertos y educadores para «riesgoalfabetizar» de nuevo a los niños, y eso pasa por «asilvestrarlos», algo que el estilo FAFO ya parece intuir. No en vano hemos pasado toda nuestra historia criando a los niños al aire libre y en contacto directo con los riesgos de la vida real. Sabiendo que la especie *Homo sapiens* lleva más de 300 000 años poblando la Tierra y que solo en los últimos

60. Elkind, D. (2007). *The hurried child. Growing up too fast too soon.* Da Capo Press, Cambridge, MA, Estados Unidos.
61. Ariès, P. (1986). *Centuries of childhood.* Penguin Books, Middlesex, Reino Unido.

3000 hemos sistematizado su crianza y educación. Con un acelerón en el último medio siglo: podemos decir que las crías de nuestra especie han pasado el 1 % de su tiempo siendo educadas formalmente y el 0,01 % de ese tiempo, los últimos treinta años, yendo a clases extraescolares. Confinar a los niños en el interior es, por tanto, un fenómeno reciente y está muy relacionado con nuestra aversión al riesgo. Ese encierro se ha ido aplicando de forma gradual, por múltiples razones; una de ellas, evitar el riesgo; otras tienen más que ver con el mercado de trabajo y la falta de conciliación.

Cuanto más evitamos el riesgo, más miedo le hemos ido cogiendo, en un perverso bucle de retroalimentación. Según un estudio realizado en Reino Unido, hace un siglo, un niño de ocho años podía caminar 10 km hasta su lugar favorito de juegos; a mediados del siglo XX caminaría solo un par de kilómetros, pero hoy en día no se alejaría más de 300 metros sin ser llevado en coche por sus padres.[62] Es importante tener en cuenta que la única manera que tenemos los seres humanos de aprender a manejar los riesgos es enfrentándonos a ellos.[63] Si eliminamos el riesgo antes de que

---

62. Pese al pequeño universo de muestra, tuvo una gran repercusión en los medios: Woolley, H. E. y Griffin, E. (2015). «Decreasing experiences of home range, outdoor spaces, activities and companions: changes across three generations in Sheffield in north England». *Children's Geographies*, 13 (6): 677-691.

63. Algunas ideas para que los niños vayan enfrentándose a riesgos cotidianos pueden verse en: Tulley, G., y Speigler, J. (2011). *50 dangerous things (you should let your children do)*. New American Library, Nueva York, y Turnbull, D. (2021). *50 risks to take with your kids.*

nuestro hijo lo vea, no va a aprender a distinguir el peligro. Salir a jugar al aire libre, enfrentarse a la vida de forma amable y progresiva, es la mejor receta para romper ese bucle y reencontrarnos paulatinamente con el riesgo, desde edades muy tempranas. Libertad es la palabra clave que acompaña al aprendizaje temprano del riesgo, porque se basa en el juego libre, y este a su vez se nutre de hacerlo al aire libre. Como bien dice el divulgador Julio Rodríguez: «Aquellos niños a los que les fue permitido jugar en libertad se convirtieron en personas que hacen cosas y azuzan el progreso».[64]

Una infancia silvestre

El juego de riesgo cumple una función evolutiva tanto en los niños como en otros animales, pues ayuda a afrontar los desafíos y gestionar los temores. Y, sin embargo, el mayor riesgo es que está en «riesgo» de extinción. Si la receta para aprender habilidades para la vida es este tipo de juego, ¿cómo se diferencia de otros modos de jugar? Se distingue principalmente por tres características: consiste en hacer algo nuevo, que no se haya logrado antes; debe aproximarse a una sensación de descontrol, y debe contribuir a superar los mie-

Hardie Grant Books, Melbourne, este último dirigido a niños más pequeños.

64. Rodríguez, J. (2025). *Jugar por jugar. Donde nacen la creatividad, el aprendizaje y la felicidad.* Plataforma Editorial, Barcelona.

dos.[65] Puede apreciarse claramente en la cara de emoción de los niños, esa expresión facial que transita entre la excitación y la intriga que da un brillo especial a los ojos, con una ligera y efímera sombra de angustia en la mirada o en la boca. Esa sombra se convierte cada vez más en rictus de miedo, en niños cada vez menos acostumbrados al riesgo.

Los bebés son claros ejemplos de ejecutores de juego de riesgo; aún no saben qué es «peligroso» y nada los detiene. Sin su coraje nunca aprenderían a gatear, caminar o hablar. Nunca lo consiguen a la primera; son maestros en aceptar las consecuencias de sus errores y aprender de ellos. Son investigadores natos, que aplican el método científico a su aprendizaje: observan, formulan una hipótesis, diseñan un experimento, lo ejecutan y sacan conclusiones. Un bebé subido a su trona deja caer un objeto, por ejemplo, una cuchara. El bebé ha observado antes que los objetos (y él mismo) tienden a caer y no a flotar o volar por los aires. Así que prueba a dejar caer lo que tiene más a mano, para comprobar que se trata, en efecto, de una ley universal. Lo mismo sucede con cualquier otro aprendizaje: las caídas y los golpes al intentar caminar, las pruebas de ensayo y error con fonemas incomprensibles hasta que al final alguien entiende lo que quiere...[66] Está demostrado científicamente que las madres primerizas

65. Características descritas en: Stephenson, A. (2003). «Physical Risk-Taking: dangerous or endangered?». *Early Years*, 23(1), 35-43.
66. Para comprender y facilitar el juego de riesgo en la primera infancia, véase: Cooper, M. (2023). *Risk and challenge in babies' and toddlers' play*. Foebel Trust, Londres.

tienen mayor aversión al riesgo que las multíparas, aunque ese temor se va disipando a medida que el primogénito crece.[67] En ese proceso de crecimiento personal que conlleva la maternidad (y la paternidad también, aunque reconozcamos que es a otro nivel), no podemos sino admirar la motivación, aguante y tesón de los bebés; es la fuerza telúrica y orgánica de la vida que se abre paso a través del riesgo.

La educadora Ellen Beate Hansen Sandseter investiga desde hace décadas el juego de riesgo en los niños, creando un marco conceptual de referencia conocido como los «seis juegos de riesgo de Sandseter».[68] Se trata de actividades que surgen de forma espontánea cuando los niños tienen la libertad y el espacio para practicarlos y que implican un elemento de incertidumbre e incluso temor. Lo hacen desde edades muy tempranas, aunque gustan a niños de cualquier edad, incluso a los adultos. Son juegos arquetípicos y elementales, que tienen lugar de forma aislada o combinada y que muchos reconoceremos de nuestras aventuras más recordadas.

El primero de estos juegos, explorar alturas, implica trepar a lugares elevados (árboles, rocas, estructuras), desde los cuales se tiene la perspectiva de un pájaro. Es muy emocio-

67. Görlitz, K., y Tamm, M. (2020). «Parenthood, risk attitudes and risky behavior». *Journal of Economic Psychology*, 79: 102189.
68. Véanse: Sandseter, E. B. H. (2007). «Categorizing risky play - How can we identify risk-taking in children's play?». *European Early Childhood Education Research Journal*, 15(2): 237-252, y Kvalnes, Ø., y Sandseter, E. B. H. (2023). *Risky play: An ethical challenge.* Springer Nature, Cham.

nante conseguir alcanzar una cumbre, por baja que sea, y desde ahí otear los alrededores. La sensación de dominio y poder es grande, pero más lo es saberse capaz, lo que los psicólogos conocen como autoeficacia. Este término, acuñado por el psicólogo Albert Bandura, se define como la «confianza en la propia capacidad para lograr los resultados pretendidos». Normalmente, no tienen éxito a la primera, por lo que el logro ha sido precedido de varios intentos fallidos y por ello posee aún más valor.

Otro juego de riesgo típico es la velocidad. Correr, deslizarse o usar algún artefacto para incrementar la aceleración, como una bicicleta, unos patines o un trineo, son acciones que permiten explorar los límites de nuestro cuerpo. Desplazarse con la máxima rapidez posible implica el riesgo de perder el control. Cuando vamos cuesta abajo y sin frenos, podríamos caernos o estrellarnos contra algún objeto. Lograr mantener el control, pese a ello, es una gran satisfacción. Caerse y levantarse para probar de nuevo, un ejercicio de resiliencia. Normalmente, lo peor que suele pasar es un raspón en las rodillas, por lo que la recompensa vale la pena.

Este tipo de juego incluye también los de persecución, que incluyen el elemento de miedo a ser atrapado, lo que supone un aprendizaje sobre nuestra tolerancia al temor y capacidad de perder. Balancearse, rotar, girar o cualquier otra actividad que implique movimiento y equilibrio fomentará la propiocepción y proporcionará placer y alegría de vivir.

Los ambientes *a priori* peligrosos son muy seductores para los niños; ofrecen ese punto de intriga, misterio y aventura propio de los personajes de los cuentos que han escuchado o leído. En esos lugares serán ellos los protagonistas de sus hazañas. Hablo de elementos como el fuego o el agua, ambos con un fuerte poder simbólico en la psique humana. La fascinación de las llamas, que atraen, pero al tiempo obligan a mantenerse a distancia, es de sobra conocida. El agua, que permite todo tipo de juegos, tanto desde la orilla como dentro de ella, invita a imaginar grandes viajes de exploración o épicas batallas navales. Estos elementos son muy potentes en lo sensorial, pero al mismo tiempo muy simbólicos. Adquirir suficiente destreza para manejarlos es controlar lo que viven con ellos.

Otro de los juegos de riesgo de Sandseter consiste en manejar herramientas potencialmente peligrosas, como martillos, serruchos o destornilladores. En ese caso, el uso autónomo de estas herramientas debe estar precedido de una instrucción básica, para prevenir heridas y lesiones graves. Afines a las herramientas pueden ser los palos o las piedras, que se pueden usar sin necesidad de ese entrenamiento previo. Al aire libre, la mayor disponibilidad de espacio físico reduce bastante el riesgo de daño entre los niños, pues automáticamente se sitúan más alejados entre sí. No está exento de peligro, pero les ayuda a mejorar el control de su cuerpo, la psicomotricidad fina y les permite establecer límites entre ellos. Con unas mínimas indicaciones de cuidado mutuo, se maximiza el beneficio.

Otro juego muy útil para establecer límites personales y sociales es el de las peleas de cachorros. Luchar abrazados y rodar por el suelo es una actividad física brusca e íntima, por lo que puede generar incomodidad y hacer daño. Es muy útil para conocer dónde está el límite de nuestra tolerancia física y emocional, y aprender a reconocer la de los demás. Este juego, en apariencia violento, es un método de autoconocimiento y arbitraje muy eficaz cuando sucede entre pares. Otra cosa es que haya una gran desigualdad en fuerza, tamaño o capacidad física, en cuyo caso ya no podría llamarse juego, sino abuso. El observador debe estar muy atento al lenguaje no verbal y a la expresión facial de los niños, para determinar en qué situación están y actuar en consecuencia.

Relacionado con el conocimiento de uno mismo y la autorregulación está el juego en solitario. Me refiero en este caso a que los niños persiguen estar solos, es decir, es una decisión libre y electa. Buscan un lugar alejado y apartado de la vista de otros, para jugar, pensar o simplemente estar. De este modo aprenden a escuchar su cuerpo, a interpretar sus sensaciones, a gestionar sus emociones, a poner en orden su cabeza. El saberse solos les da fortaleza y resiliencia, aunque no siempre sea agradable. Desde el punto de vista del adulto responsable, es quizás el juego más difícil de gestionar, porque no puede ver lo que está pasando y debe confiar plenamente en la capacidad del niño. Y en eso radica la magia, en que el niño siente esa plena confianza que se tiene en él.

El juego libre y sin supervisión adulta es una de las herramientas más poderosas de formación de la personalidad, tanto individual como social, que tenemos los humanos.

Prohibir los juegos de riesgo que describió Sandseter es capar una parte muy importante del desarrollo físico, mental, emocional y social de los niños. Socializar a través del juego autónomo permite probar nuevas formas de relacionarnos, que gradualmente indicarán a los niños lo que toleran o no en una relación, sin la necesidad de depender de la constante aprobación adulta. Es la mejor manera que tienen de conocerse a sí mismos y a otros, y aprender a manejar los riesgos emocionales derivados del enfado, el rechazo o la manipulación y obtener a cambio herramientas de escucha, cooperación, tolerancia y negociación. Reconoccrán el valor de la intimidad, un espacio de reflexión, experimentación y descubrimiento que raramente se les otorga. Sabrán poner límites sin necesidad del adulto que los imponga desde su propia interpretación de lo que ve. La psicóloga Francesca Caprino nos recuerda además que el juego de riesgo es especialmente relevante para los niños con discapacidad, pues deben enfrentarse a desafíos adicionales, como las barreras físicas o sensoriales, dificultades de comunicación e incluso discriminación por parte de otros niños o adultos. Con la mejor intención por parte de sus cuidadores, sufren también de una actitud sobreprotectora que puede impedirles aprovechar al máximo las oportunidades que ofrece este tipo de juego.[69]

69. Caprino, F. (2017). «When the risk is worth it: the inclusion of children with disabilities in free risky play». *Today's Children, Tomorrow's Parents*, 40-47.

Hoy en día, los niños tienen serias dificultades para socializar con adultos si no es en entornos y situaciones formales, donde hay un estricto guion de la interacción que se espera entre ellos: en la escuela, en el médico, en una tienda. La psicóloga Helene Guldberg defiende que estamos creando barreras sociales artificiales que generan suspicacias a nivel comunitario y afectan a toda la sociedad. Puede llegar a suceder que un adulto no quiera ayudar a un niño en apuros, por lo que se pueda interpretar sobre sus intenciones. Hay que tener en cuenta que el 90 % de los casos de abusos a menores se dan por personas que ellos ya conocen (vecinos, familiares), mientras que la gran mayoría de las personas con las que nos cruzamos por la calle estarían dispuestas a echar una mano si así se les pide. Entre los riesgos que debemos recuperar está el de vivir en comunidad, con esa sana mezcla de edades y procedencias que nos va a ayudar a desarrollar la intuición. Es precisamente en los encuentros informales en el barrio como desarrollamos el instinto que nos hará ver en quién podemos confiar en el futuro.

Todo esto me lleva a una séptima categoría de juego de riesgo, que es el emocional. Se podría definir como «una sensación interna o emocional de riesgo, a menudo expresada mediante señales no verbales, lenguaje corporal, sonidos o palabras habladas».[70] Acompañar el juego en un espacio

70. Kleppe, R. (2018). «Affordances for 1- to 3-year olds' risky play in early childhood education and care». *Journal of Early Childhood Research*, 16(3) 258-275.

grande y abierto hace a los niños vulnerables a ciertos riesgos emocionales como el chantaje, la manipulación o la burla, que tal vez no se aprecian si no se escuchan sus palabras desde una cierta distancia. Se trata de crear un espacio seguro donde quepan todos los lenguajes, tanto el verbal como el no verbal, e incluso los silencios y las miradas que a veces todo lo dicen. Mediante la práctica de esa actitud, los adultos que acompañan proveen de herramientas emocionales que permiten a los niños expresar libremente sus límites, anhelos o inquietudes. No solo es un tesoro para ellos, sino ejemplo para las personas con las que conviven y para la sociedad en su conjunto, que está muy necesitada de empatía y compasión.

La adolescencia, el epítome del riesgo

Como padres, cuando pensamos que los años duros de la crianza ya han terminado y nos podemos relajar, resulta que llega la adolescencia de nuestros hijos. En esa etapa tan convulsa, se van alejando de su familia y la sustituyen por los amigos, para iniciar aventuras nuevas con ellos. Para los jóvenes, el riesgo tiene connotaciones fundamentalmente positivas, porque les cuesta percibir su lado negativo. Es la sal de la vida, lo que proporciona sensaciones intensas, logros, proezas y triunfos, lo que da libertad y plenitud. El riesgo en la adolescencia, como dice el sociólogo y antropólogo David Le Breton, «es el medio para constituirse como sujeto», pero también, «las conductas de riesgo son la búsqueda titubeante y dolorosa de una salida»,[71] de un paso a otra vida, ya como adultos que pronto serán. Transitar de la infancia a la adolescencia es uno de los ritos de paso universales que podemos encontrar en cualquier grupo humano. Como cuando atravesamos los umbrales más relevantes en la vida, es un pasaje deseado al tiempo que doloroso. No soy experta en este asunto, pero al parecer en esta etapa el cerebro se reconfigura por completo.[72] Es como si lo derritiéramos y lo echáramos a un molde nuevo, como la cera de una vela. Este proceso es muy lento; puede durar varios años hasta que se consolida ya en la edad adulta. De hecho, la corteza prefrontal, que se encarga de la toma de decisiones, no madura hasta que cumplimos los veinte, y, según algunos estudios, en los hombres no sucede hasta los treinta. Según cómo sea, puede resultar desesperante por muchas razones. Una de ellas, precisamente, es el interés por conductas que los adultos calificaríamos de inconscientes y temerarias. Se produce una discrepancia entre conocimiento y capacidad: no miden las consecuencias de actividades que sus jóvenes y ágiles cuerpos toleran bien. De hecho, las acciones de riesgo, como explica Le Breton, constituyen un juego simbólico con la muerte que, paradójicamente, les

71. Le Breton, D. (2021). *Sociología del riesgo*. Prometeo Libros, Buenos Aires.
72. Una excelente referencia experta sería esta: Bueno, D. (2022). *El cerebro del adolescente. Descubre cómo funciona para entenderlos y acompañarlos*. Grijalbo, Barcelona.

hace sentir más vivos que nunca. De alguna manera es un renacer, un darse a luz como personas nuevas, autónomas e independientes.

Al principio lo hacen de forma vicaria, y luego ya en persona. En esa salida de la infancia aumenta la atracción por el peligro. Les fascina, intriga y estimula, y hay a quien le interesa ya de por vida. Amén de llamarnos la atención como espectadores, tenemos una debilidad por experiencias que nos hacen sentir un miedo controlado. Un ejemplo son las películas de terror, emoción que se combina con el asco, la repulsa y la ofensa. Qué típico es eso de no mirar y pedir al compañero de asiento que avise cuando haya pasado lo peor, o taparse los ojos dejando un resquicio para, en el fondo, poder ver la acción. En realidad, sabemos que nada nos va a pasar, y que el asesino en serie de la pantalla no va a romper la cuarta pared, pero la historia nos atrapa y nos metemos en ella. El griterío de todo el público al unísono en el cine es liberador y catártico; es parte fundamental de la experiencia de este tipo de películas.

En efecto, cuando uno lee sobre adolescencia y riesgo, las palabras que suelen aparecer son drogas, sexo e internet, siendo este último el catalizador para que los otros dos pasen más fácilmente bajo el radar de los padres. Asuntos como la depresión, los trastornos de conducta alimentaria, el ciberacoso o el bajo rendimiento académico pueden ir parejos entre sí y se suelen agravar cuando intervienen los tres términos ya mencionados. Se habla también de jóvenes o conductas de riesgo, siempre con una connotación negativa. No es el objeto de este libro tratar estos temas de hondo calado,[73] sino ofrecer una visión positiva de la actitud proclive al riesgo en general, que los jóvenes traen de serie, y cómo aprovecharla a su favor.

Cuando ha habido una exposición gradual al riesgo en la infancia, con un acompañamiento afectuoso, sincero y firme, es más fácil aprender a regular el riesgo y contribuye a que no se cruce la línea roja que lleva al alcoholismo, la drogodependencia, a la violencia o incluso al suicidio. Pretender evitar los riesgos a toda costa no tendrá mucho éxito: los niños y, sobre todo, los adolescentes que están sometidos a un rígido control parental van a buscar maneras de rodear esa vigilancia para encontrarse con el riesgo allá donde puedan, y seguramente sea a espaldas de sus progenitores. Lo que se conoce como la «cultura del dormitorio», ese espacio de intimidad del adolescente también conocido como «cueva», hace que internet se convierta en la vía de escape más habitual y la puerta discreta a prácticas que pueden generar problemas. Son muchas las organizaciones que alertan de los riesgos del descontrol tecnológico en edades tempranas.[74] Están, por un lado, los problemas para la salud: desarrollo temprano de miopía, estilo de vida sedentario, o in-

---

73. Para una sencilla introducción a ellos, véase: Urra, J. (2024). *Hijos: prevención de riesgos.* Desclée De Brouwer, Bilbao.
74. Un ejemplo es la Asociación Adolescencia Libre de Móviles de la Comunidad de Madrid (ALMMA), muy activa en la región. Su página web ofrece interesantes recursos para ayudar a limitar el uso de móviles en casa: https://adolescencialibredemovilesmadrid.es/

cluso lesiones posturales. Están, por otro lado, los riesgos de visualizar contenidos inapropiados, violentos, engañosos o simplemente huecos. Por supuesto, existe la posibilidad de que entren en contacto con personas que buscan algo más que una inocente amistad virtual. Pero lo que más destruyen estos comportamientos es el tiempo, ya sea de descanso, de socialización o de desarrollo personal. En algunos casos, incluso el que deberían dedicar al colegio o al estudio en casa. Ese tiempo que pasan (o pasamos) viendo lo que los llamados «creadores de contenido» nos quieren escupir ya no vuelve, está perdido para siempre. Esto es especialmente grave en un momento tan formativo de sus vidas. Dejarles pasar su tiempo al aire libre, con amigos, sucede al menos en la vida real, en lugares más o menos familiares y con personas conocidas.

Prefiero, por tanto, centrarme en la otra cara del riesgo, que puede ser muy beneficiosa para transitar esta etapa tan fascinante y bella. Una persona capaz de afrontar riesgos es alguien que tiene los cimientos de su personalidad sólidos. Estos se construyen con la relación de confianza con los padres, con un sentido claro de pertenencia a su grupo social y familiar. La autoestima, la autonomía y la vitalidad se verán reforzadas. ¡Qué privilegio es presenciar cómo un hijo pasa de ser un niño a un joven con su propia identidad y plenamente capaz! Es un camino abrupto, sin duda lleno de baches y socavones en muchos casos, pero es una mutación muy hermosa de presenciar y acompañar. El amor innato que tienen por el riesgo se puede, bien conducido, transformar en actividades con resultado positivo en las que pueden desplegar todo su afán creativo y emprendedor. Los ejemplos más evidentes son los deportes y la música.

La coalición estadounidense *Ashland Decisions at Every Turn* propone una lista de factores de riesgo y de protección para las drogodependencias en la juventud, que actúan en contra, es decir, favorecen el consumo de sustancias prohibidas, o a favor, alejando al joven de su consumo (tabla 5). Esta tabla puede servir igualmente para cualquier otro comportamiento de riesgo y su contraparte positiva. Si a los chicos les gusta el riesgo, hay oportunidades de sobra para ponerlo en práctica de forma constructiva.

Tabla 5. Factores que favorecen o entorpecen el consumo de sustancias en la adolescencia. Adaptado de «Ashland Decisions at Every Turn»

Contexto	En contra	A favor
Uno mismo	• Predisposición genética • Problemas de salud mental • Dificultades de comportamiento • Impulsividad • Baja percepción de riesgo	• Disciplina • Temperamento resiliente • Relaciones saludables • Alta percepción de riesgo
Amigos	• Pocos amigos • Amigos de mayor edad • Amigos que consumen	• Grupos de amigos con actitud saludable • Actividades que no implican el consumo de sustancias

Contexto	En contra	A favor
Familia	• Historial familiar • Permisividad con el uso de sustancias	• Familia bien estructurada • Expectativas y límites claros • Comunicación abierta
Comunidad	• Acceso fácil a sustancias • Falta de actividades para jóvenes • Normativa laxa	• Compromiso con la comunidad • Oportunidades para la participación de jóvenes • Normas saludables
Colegio	• Poca conexión con el alumnado • Poca cultura escolar de apoyo • Políticas de prevención poco consistentes	• Altos estándares académicos • Cultura escolar de apoyo • Políticas de prevención claras y bien aplicadas

Está claro que el entorno social de los adolescentes tiene un rol determinante en la gestión y aprovechamiento de los riesgos. Todos estos contextos tienen una función de agentes externos que ayudarán a canalizar el deseo de los jóvenes de enfrentarse a nuevos desafíos. La elección entre uno y otro, entre lo que se conoce como «riesgo negativo» (aquellos que son peligrosos o ilegales) o «riesgo positivo» (aquellos que son aceptables y constructivos), tendrá repercusión en el resto de su vida y un efecto multiplicador en su entorno afectivo, familiar y social.[75] Es notorio que la mayor parte de

75. Duell, N., y Steinberg, L. (2019). «Positive risk taking in adolescence». *Child development perspectives*, 13(1), 48-52.

la literatura científica y divulgativa se centra en llamar la atención sobre los primeros y no tanto en investigar o enseñar a fomentar los segundos.[76] Es, por tanto, de capital importancia que acompañemos en ese esfuerzo, y exijamos a la sociedad y a las instituciones un marco de referencia constructivo y estimulante, para que la elección de esos jóvenes nos beneficie a todos.

Los ritos de paso, también para la gestión de los riesgos

Cuando mencionamos el término «rito de paso», solemos pensar en rituales vistosos y a veces sangrientos que se celebran en grupos étnicos lejanos y aislados. Nos viene a la mente la imagen de personas semidesnudas danzando al ritmo de tambores, tomando alguna planta alucinógena y obligando a los jóvenes a adentrarse en la selva y no volver a la aldea hasta que traigan una determinada presa. Esta caricatura muestra la importancia que tienen estas tradiciones en el discurrir de las etapas de la vida humana. Una definición más formal del término tiene que ver con los rituales que marcan la transferencia de individuos o grupos homogéneos (normalmente de edad) entre estatus sociales,

---

76. Una excepción al comentario anterior sería este manual: Kahn, N. F., y Graham, R. (eds.). (2020). *Promoting positive adolescent health behaviors and outcomes: Thriving in the 21st century.* The National Academic Press, Washington D. C.

usualmente cuando se incorporan a uno más alto o valorado. A veces van acompañados de ceremonias reconocidas por la comunidad.[77] En Occidente, los más importantes son el nacimiento, la adolescencia, el matrimonio (como símbolo de reproducción) y la muerte. En la cultura católica, algunos de los sacramentos cumplen esta función: el bautismo, la comunión, la confirmación, el matrimonio y la extremaunción. Las graduaciones escolares marcan las transiciones del primer bloque de etapas de desarrollo psicosocial de Erikson: la díada madre-hijo y la primera etapa de educación infantil cubren las dos primeras. La segunda etapa de educación infantil cubre la tercera. La cuarta, la infancia tardía, se cumple con la educación primaria. Y la adolescencia, la quinta etapa, transcurre en la educación secundaria. Pasada la adolescencia, quienes vayan a la universidad reciben una generosa prórroga en ese umbral tan potente como es el paso a la vida adulta y autónoma. Quien comience a trabajar tras su paso por el colegio lo transita de forma más brusca.

Desde el punto de vista del juego de riesgo, en la infancia se podría hablar de tres ritos de paso, lo que yo llamo BCC (barro, costras y cabañas). Manipular barro, arena, agua y otros elementos naturales es una actividad fundamentalmente sensorial que se da sobre todo en la infancia temprana (menores de 6 años). Enseña a los niños a manejar y tole-

77. Forth, G. (2018). «Rites of passage». *The international encyclopedia of anthropology*, pp.1-7.

rar diferentes materiales y texturas, dándoles una idea de la complejidad del mundo real. Entrando en la infancia media (6-12 años), el juego se vuelve más brusco y movido; los niños tienen mayor rango de movimiento y capacidad de acción, por lo que hay más riesgo de herirse. Por eso entramos en la época de las costras. Con ellas aprenden a distinguir capacidad de competencia, a calibrar sus destrezas y a manejarlas de forma más útil y eficaz. A partir de los 12 años, en la preadolescencia, empieza el juego de las cabañas, donde los riesgos son más emocionales. En ellas se inicia su viaje hacia el autoconocimiento, se forjan las amistades que pueden durar ya toda la vida, se practica la intimidad y la confianza en el otro. Hay una paulatina separación de los adultos de referencia y se gana autonomía. La ruta BCC es un camino paulatino, sin transiciones bruscas que marquen el inicio de la siguiente etapa, que tolera volver atrás en todo momento, cuando el niño lo desee. Pero también son umbrales silentes e invisibles, que uno nunca sabe cuándo traspasa por última vez.

Ritos de paso más claros son algunas de las actividades que, cuando las realizamos por primera —y tal vez única— vez, marcan un hito en nuestra biografía. El primer campamento con pernocta en el monte, la primera pijamada y, por supuesto, la primera caricia o el primer beso. Ya en el primer escalón de la edad adulta legal, hay otros ritos muy significativos. Hasta finales del siglo xx, los chicos en España y en gran parte del mundo debían cumplir con el servicio militar. La «mili» ha sido siempre una gran fuente de historias que refuerzan la hombría de muchos. Los relatos son siempre de superación y valentía. Pocos van a confesar las lágrimas que derramaron mirando la foto de su novia antes de acostarse, pero todos coinciden en que fue un período formativo y significativo en sus vidas, aunque lo hubieran pasado empalmando guardias.

En el último tercio del siglo xx, con el lanzamiento del pase Interrail, muchos jóvenes se lanzaban a descubrir Europa. Dirigido inicialmente a menores de 25 años, daba libertad a su portador para viajar en tren durante un mes por toda Europa. Tuve el privilegio de disfrutar de varios «interrailes» y podría rellenar un libro como este con anécdotas y reflexiones, sin duda.[78] Hoy, el pase Interrail se ha diversificado, con múltiples variantes y versiones para niños y mayores, teniendo además muchas restricciones de uso en trenes de alta velocidad, obligatoriedad de reserva en casi todos, etc., por lo que esa sensación de libertad de la que gozamos en su momento ya no es tanta.

En algunos países del norte de Europa existe la costumbre de tomarse un año sabático tras el examen de acceso a la

---

78. El Interrail es una experiencia que trasciende el desplazamiento en tren. Además de los aspectos formativos indicados, constituye una experiencia sensorial y emocional que marca un antes y un después en quien lo haya vivido en su forma más canónica, del mismo modo que lo hacen muchos otros ritos de paso. Para una descripción de la fenomenología del Interrail, consúltese: Jensen, M. T., Scarles, C., y Cohen, S. A. (2015). «A multisensory phenomenology of interrail mobilities». *Annals of Tourism Research,* 53, 61-76.

universidad, para viajar de mochileros, trabajar como temporeros o hacer voluntariados en cualquier parte del mundo. Viajar de forma independiente por lugares cuyo idioma y costumbres no conocemos es sin duda un aprendizaje exógeno importante. Pero ya sea con la mili, con un pase Interrail, haciendo autostop en el sudeste asiático o participando en la vendimia, lo que más vamos a aprender es sobre nosotros mismos. A identificar nuestros límites personales, emocionales, sociales y profesionales. Es, ahí sí, un paso definitivo hacia la madurez.

Para quienes continúan su formación tras la educación secundaria o, incluso en algunos sectores profesionales, existe el programa de intercambio Erasmus, con todo tipo de variantes, y sus equivalentes en otras latitudes. Financiado por la Unión Europea, los jóvenes agraciados por esta beca tienen la oportunidad de residir un tiempo en otro país y vivir la experiencia de estudiar o trabajar en él. Una estancia de Erasmus va más allá de la visita turística o superficial; toca superar momentos de choque cultural, incomprensión del idioma local, soledad e incluso discriminación. Pero también es una gran oportunidad para aprender no solo contenidos curriculares, sino a relacionarse en entornos desconocidos, a gestionar nuestra autonomía, a trabajar las emociones y, por supuesto, para divertirse.

Hay quien piensa que los ritos de paso en la cultura occidental y globalizada están hoy en día muy diluidos. Algunos de ellos, como marchar a estudiar un año al extranjero, se hacen sin haber preparado adecuadamente al joven. Se dan casos de niños que no saben salir de casa si su padre o madre no los lleva en coche; que no han hecho una colada o frito un huevo en su vida, y van y se marchan un año a Irlanda a estudiar inglés. No parece que haya un gran aprendizaje de autonomía en ese caso o, si lo hay, tiene lugar en la zona de pánico, lo cual no es muy apropiado. Quizás esta dilución de los ritos de paso, con los aprendizajes que deberían acompañarlos, hace que en algunos lugares tengamos a nuestros hijos de «okupas» en casa,[79] hasta el momento en que deberían ya formar una familia.

El riesgo en la madurez, ¿una adolescencia tardía?

Al fin, alcanzada la etapa de la madurez, uno espera relajarse. Ya hemos consolidado lo que en neerlandés se conoce como «la casa, el árbol y la mascota» (*huisje, boompje, beestje*) y alcanzado un cierto éxito personal y profesional. No queremos saber nada de riesgos y los mantenemos a raya con todo tipo de seguros: la casa, el coche, los viajes quedan así fijados para nuestra tranquilidad. No obstante, algunas personas nunca pierden el gusto por los riesgos y otras los

---

79. Según un informe de Eurostat, la media de edad para abandonar el hogar paterno en la UE en el año 2022 era de 26 años, con grandes diferencias entre países. En Finlandia, las chicas se iban de casa con 20 años, mientras que en Croacia los hombres no lo hacían hasta los 35. En España la media estaba en 30 años, tanto en hombres como en mujeres.

retoman en una madurez más avanzada. Esto último suele darse cuando los hijos abandonan el nido, o lo ocupan de forma bastante autónoma. De repente tenemos tiempo; ya no hay que ejercer de taxista o estar pendientes de sus tareas escolares. Aún estamos en activo, con un puesto estable y bien remunerado, con nuestras facultades aún casi intactas o, en el caso de las madres, más o menos recuperadas de varios ciclos de embarazos, partos y lactancia. Durante un período más o menos breve, tenemos en nuestra mano el trío de ases: tiempo, dinero y energía. ¡Hay que saber aprovechar esa estrecha ventana antes de que nos alcancen los achaques! Son muchos los que se animan a viajar a destinos exóticos, comprarse una moto o iniciarse en algún oscuro arte marcial. Otros se lanzan a hacer deportes de aventura, de esos que requieren formación específica y material caro.

Mucho se ha escrito sobre el riesgo en el contexto del deporte y otras actividades extremas. Es habitual encontrar testimonios de atletas y aventureros que nos explican cómo sienten, perciben y gestionan el riesgo. En los deportes extremos el peligro existe y es real. Cuando uno ve ciertas prácticas deportivas, es inevitable preguntarse para qué se hacen, qué necesidad hay de meterse en un agujero oscuro y estrecho, lleno de agua turbia, como en la espeleología. ¿Por qué dedicarse a actividades peligrosas? ¿O incluso a actividades incómodas e innecesarias, como la escalada en roca o la navegación a vela? Porque hacemos todo eso no a pesar de los riesgos, sino precisamente porque los tiene. El miedo y la ansiedad que generan se perciben como elementos positivos, que contribuyen a la mejora de nuestro bienestar y a nuestra transformación en mejores personas. Es una interesante paradoja, dado lo que ponemos en juego. Para estos deportistas, como dice el ya citado Apter,[80] el riesgo es glamuroso, es irresistible. La búsqueda de peligro está además condicionada culturalmente. En casi cualquier parte de Europa, los ciclistas llevan casco, mientras que una nación que parece haber nacido sobre dos ruedas, la neerlandesa, se resiste a ello pese a las regulares campañas del gobierno. ¿Por qué no usan casco, si con él se reduce en un 70 % la probabilidad de sufrir daños graves por un golpe en la cabeza? ¿O sabiendo que la mayoría de las víctimas mortales de tráfico en el país son ciclistas? Diversas encuestas populares apuntan a la incomodidad de llevarlo puesto, de no saber qué hacer con él cuando están en el colegio o el trabajo, o que queda ridículo. Está claro que hay una gran resistencia cultural.

Cuando nos movemos entre la zona de peligro y la de trauma, según las describe Apter (véase el capítulo siguiente), y aún mantenemos ese estado de excitación positivo, podemos alcanzar lo que algunos llaman «experiencia cumbre». Para estas personas, parece no haber un límite: a mayor riesgo, mayor disfrute. La experiencia cumbre les inunda de dopamina, los llena de felicidad. Similar a esta sensación es la importancia que se concede en las artes marciales al cultivo del estado mental del practicante y a la con-

---

80. Apter, M. (2007). *Op. cit.*

secución de *zanshin* (mente remanente) y *mushin* (no mente). Estas sutiles variantes de la mente son análogas a un estado de flujo en el que solo importan el aquí y el ahora, y optimizan el desempeño del artista marcial.[81] Apter cita en su libro al alpinista Maurice Herzog, que practica el solo libre, es decir, la escalada sin arnés de seguridad, donde hay un dedo de diferencia entre estar seguro o encontrarse con «el lado afilado del vacío». Herzog dice también: «La muerte está tan cerca. Puedes dejarte llevar y tomar la decisión de morir. Se siente tan bien». Dado que yo no estoy hecha de la misma pasta que Herzog, puedo interpretar que lo que le sienta bien es la sensación de control absoluto que tiene sobre sí mismo, al extremo de poder decidir su destino hasta las últimas consecuencias cuando le venga en gana.

Los temores de nuestros mayores

Una vez llegados a la última etapa del desarrollo psicosocial de Erikson, entramos en la vejez y es el momento de cosechar lo que hicimos en las etapas anteriores. Uno de esos aspectos es nuestra relación con el riesgo. Sin duda, cambia con la edad. Las caídas son quizá la preocupación más grande que tienen tanto las personas mayores como sus familiares e, incluso, las autoridades sanitarias. El coste social de

---

81. Pain, M. T., y Pain, M. A. (2005). «Essay: Risk taking in sport». *The Lancet, 366*, S33-S34.

una caída seria es enorme, porque resta independencia al mayor y puede obligarle a entrar en una residencia o necesitar ayudas de los servicios sociales. El impacto psicológico de una caída que haya requerido de una intervención o de una larga recuperación tampoco es desdeñable, pues incrementa la dependencia del mayor de recursos que hasta entonces no necesitaba. Y, sin embargo, todo el tratamiento de estas lesiones se centra en la rehabilitación física y no en la psicológica, que es la más limitante.

Aunque muchos mayores puedan tener miedo a los riesgos físicos, por lo que se juegan si se caen, no sienten aversión alguna al riesgo emocional. De hecho, en un estudio realizado con personas de entre 18 y 83 años, se reveló que los adultos mayores no necesariamente asumían menos riesgos que los jóvenes. Simplemente cambiaba el tipo de riesgo. Los mayores tendían a evitar conductas de riesgo en los ámbitos de la salud y la ética, mientras entendían los riesgos en el ámbito social como más placenteros, menos desagradables y con menor probabilidad de producir pérdidas que los adultos jóvenes.[82] Están de vuelta de todo y no tienen empacho en mandar a alguien a freír monas, si así lo sienten, o en decir su opinión sin filtros. Ya no hay prestigio o reputación que proteger. Igualmente sucede con los riesgos intelectuales o artísticos. Son conocidos los escritores o pintores que

82. Bonem, E. M., Ellsworth, P. C., y Gonzalez, R. (2015). «Age differences in risk: Perceptions, intentions and domains». *Journal of Behavioral Decision Making, 28*(4), 317-330.

experimentaron con sus habilidades hasta el último momento. Es envidiable cómo han mantenido sus facultades cognitivas a tope, al tiempo que suficiente salud y ánimo como para continuar con su labor mucho más allá de la edad de jubilación y que, en algunos casos, murieron con las botas puestas.

Es habitual también que los mayores sufran vicariamente por los riesgos que asumimos los demás. La preocupación de los abuelos por los nietos, o por las dificultades que podamos pasar los hijos a pesar de ser adultos ya maduritos, no va a cesar nunca. Siempre seremos sus bebés y, en la vejez, ese sentimiento aflora con fuerza renovada. Nos toca navegar entre dos aguas: acompañar los riesgos de nuestros hijos y justificarlos ante nuestros mayores, mientras decidimos a cuáles queremos enfrentarnos nosotros.

5.
Cómo gestionar los riesgos
de la vida cotidiana

«Solo aquellos que arriesgan ir demasiado lejos
pueden encontrar lo lejos que pueden llegar».

T. S. Eliot

Los grandes riesgos del día a día

Tomamos decisiones importantes varias veces a lo largo de
la vida: irse a vivir con la pareja, elegir los estudios, cambiar
de trabajo, emigrar, operarnos o invertir en un negocio.
Más allá de cálculos y ponderaciones, para afrontar los riesgos algo más grandes del día a día, hay una herramienta que
me gusta mucho por su sencillez. Estoy segura de que muchos la aplicamos de forma inconsciente, porque está basada en el sentido común de toda la vida. El Dr. Carson la resume en cuatro preguntas que debemos hacernos antes de
aceptar o desestimar una decisión que conlleve un cierto
riesgo.[83] Estas preguntas pueden verse en la figura 3.

83. Carson, B. (2014). *Op. cit.*

Figura 3. Las cuatro preguntas del Dr. Carson (basado en: Carson, 2014)

Veamos en qué consisten estas preguntas, más allá de lo más obvio que aparece en el enunciado:

1. *¿Qué es lo **mejor** que puede pasar si lo hago?* Esta es la pregunta más apetecible, porque es lo primero que nos hizo pensar en si valía la pena arriesgarse. Aquí caben las respuestas más optimistas, las más atrevidas y coloridas. Cuando formulemos las demás preguntas, seguramente pierdan algo de brillo, pero no tienen por qué quedar anuladas.

2. *¿Qué es lo **mejor** que puede pasar si **no** lo hago?* Esta pregunta nos dará una respuesta aburrida y predecible, porque básicamente nos dirá que nos quedaremos como estamos. Puede ser relevante, si por ejemplo necesitamos más tiempo para decidir, o hay algo

o alguien que nos ata. Es la pregunta que nos hace cuestionar y equilibrar nuestras prioridades personales y profesionales.

3. *¿Qué es lo **peor** que puede pasar si lo hago?* A esta pregunta suele responder el miedo. Tememos lo desconocido y aquí se reflejarán esas dudas sobre lo que podría suceder y no nos gusta; reforzará los prejuicios y la pereza de afrontar un cambio, con la zozobra que sin duda conllevará al inicio. Refuerza a la pregunta anterior, pero desde una perspectiva más negativa.

4. *¿Qué es lo **peor** que puede pasar si **no** lo hago?* Aquí reflejaremos nuestro temor a perder una oportunidad y a sentirnos cobardes. Normalmente, nos sitúa en un duelo anticipado por lo que podría ser y no será, de repente, el lugar en el que estamos, que deja de tener interés y aliciente y queremos salir de él como sea. Por eso, esta pregunta da combustible argumental a la primera.

Es evidente que un neurocirujano como el Dr. Carson (o un piloto, un minero, un escalador, un policía... cualquier profesional *de riesgo*) se hace estas preguntas constantemente; a veces no tiene más que unas décimas de segundo para respondérselas. Es su pan de cada día. Pero esto aplica también a la vida cotidiana, con decisiones tan grandes como comprar una casa, cambiar de trabajo o mandar a un hijo a estudiar al extranjero, pero también otras más sencillas como compras de menor entidad, probar una receta nueva con invitados o planear una excursión.

Los pequeños riesgos del día a día

Hacemos una minuciosa valoración consciente y detenida de los riesgos cuando nos enfrentamos a una gran decisión en la vida. En las pequeñas decisiones del día a día también la hacemos, pero de forma inconsciente, instantánea y automática. Suelen ser dilemas de escasas consecuencias, que a lo sumo pueden causar pequeñas irritaciones si salen mal. Pero todas ellas conllevan un riesgo. Al fin y al cabo, tomamos cada decisión frente a una bifurcación: hacer o no algo. Cualquiera de las dos (o más) opciones tendrá consecuencias, algunas de ellas evidentes, otras inesperadas. Algunas no pasan del momento y otras generan una reacción en cascada, aunque, por lo general, de consecuencias limitadas.

En la gestión cotidiana y casi inconsciente de los riesgos, no solemos pensar tanto en la casa. El hogar, nuestro refugio, suele sentirse como el lugar en el que estamos a salvo. Suspiramos al entrar por la puerta, nos relajamos al sentarnos en el sofá. Ya nada nos puede pasar. Sin embargo, es el ámbito doméstico el lugar donde se produce el mayor número de accidentes. Son muchas las oportunidades de tener un percance en casa. Hay espacios especialmente complicados, como son la cocina, los balcones, las escaleras o, para quien los tenga, el garaje, el jardín o la piscina. Sin lugar a dudas, el espacio de más riesgo en una vivienda es el baño, un entorno húmedo y resbaladizo, con enchufes y aparatos eléctricos a mano. Es el lugar de la vivienda en el que más accidentes se producen. Los percances más habituales son las caídas, por estar el suelo y las paredes mojadas. Son también frecuentes en las escaleras, sobre todo si son voladizas y metemos el pie entre dos escalones. En la cocina es más habitual quemarse, por contacto directo con el calor de los fogones o con el menaje que estemos usando para cocinar. En este espacio hay también utensilios con los que nos podemos cortar o pinchar. El riesgo de electrocución está presente en toda la casa; allá donde haya un enchufe con un aparato defectuoso o mojado, por ejemplo, en el baño o la cocina, podemos sufrir una descarga. Otro riesgo que tenemos a diario es el de los golpes, que solemos darnos con elementos fijos (puertas, ventanas) o mobiliario.

En el exterior, los riesgos se multiplican. Son célebres los casos en los que una puerta de garaje defectuosa le rompe la crisma a alguien. Allí solemos guardar objetos como herramientas, material de construcción, productos químicos, en fin, un paraíso para niños curiosos e inquietos, pero no tanto para sus padres. Los elementos que hay en los balcones se convierten en proyectiles cuando hace viento. El jardín, por otro lado, puede ser un nido de seres, como roedores o insectos, que pueden acabar entrando en la casa. Además, podemos tropezar en el suelo irregular, pincharnos con alguna espina o incluso intoxicarnos con alguna planta. Y la piscina, cómo no, es un gran riesgo si hay niños pequeños en la vivienda. Pese a todo ello, nos encantan las casas con garaje, jardín y piscina. Dado que (con)vivimos con estos espacios, tanto interiores como exteriores, a diario, no nos planteamos una evaluación consciente de riesgo cada vez que vamos a ducharnos, preparar la comida, poner el móvil a cargar, sacar el coche del garaje, cortar el césped o bañarnos. Tomamos medidas lógicas de precaución que hemos aprendido de nuestros padres, de amigos o que hemos oído en campañas de divulgación. En principio, con eso debería ser suficiente.[84]

Marcos de protección y zonificación del riesgo

Cuando nos planteamos riesgos de mayor entidad, de los que no entran en el cajón de la resolución automática, lo hacemos mediante lo que se conoce como el «marco de protección», que está muy relacionado con nuestra capacidad de afrontarlos: la confianza, la autonomía, la tolerancia y la resiliencia. Cuando estamos en modo neutro, en un estado que no implica una gran excitación, pero tampoco una falta de ella, operamos entre las llamadas zonas de confort y de riesgo. Estas se sitúan a un lado de un *continuum* de varias etapas que llega hasta la zona de trauma, donde ya se produ-

---

84. Para quien quiera tener un par de guías útiles por casa, véanse: Esparza, M. J., y Mintegi, S. (2016). *Guía para padres sobre la prevención de lesiones no intencionadas en la edad infantil.* Asociación Española de Pediatría y Fundación MAPFRE, Madrid, y Paúl, M. P., y Ortiz de Landázuri, R. (N. D.). *Riesgos en el hogar. Guía para vivir seguros.* Ayuntamiento de Zaragoza, Zaragoza.

ce el daño, como se puede ver en el centro de la figura 4 y en la tabla 6. A medida que nos alejamos del confort, aumenta la excitación. Podemos penetrar entonces en la zona de riesgo, pasando por una etapa previa de desafío donde el riesgo apenas empieza a vislumbrarse; serían sus prolegómenos. Poco a poco se incrementa el estado de excitación a medida que aumenta la incertidumbre, aunque hay todavía sensación de control. Cuando avanzamos del riesgo a la zona de peligro, la excitación y la incertidumbre aumentan y así lo hace poco a poco también la pérdida de control. No sabemos lo que va a ocurrir ni cómo vamos a reaccionar, pero aún hay cierto margen para manejar la situación. Según las circunstancias y nuestro carácter, esa zona será más o menos amplia y nos permitirá acercarnos al siguiente nivel, la zona de trauma, que es donde el riesgo se transforma en peligro real y puede causar daño.

Avanzar de forma gradual por esas zonas nos permite aprender mucho: sobre nosotros mismos, el contexto, el entorno y los demás. Un deportista extremo se sentirá cómodo en lo que para los demás es la zona de peligro y la de trauma, porque percibe ese marco de protección (que se traduce en medidas de seguridad, entrenamiento, destreza, conocimiento del entorno, etc.). Merced a esas medidas, se podría decir que la zona de confort del deportista es muy grande y la de peligro y trauma, apenas inexistente, como se puede ver en la figura 4. Es como si estirásemos la primera e hiciéramos desaparecer las últimas. Sin embargo, cuando esa excitación no nos gusta, por nuestro carácter o porque las circunstancias no permiten disfrutar de ella, trataremos de evitar la situación que la genera, porque percibimos que no existe ese marco de protección. Por ejemplo, al caminar por un callejón oscuro en una ciudad desconocida o al manipular una herramienta por primera vez. En ese caso, tendremos que bajar de nivel y quedarnos entre las zonas de confort y de riesgo.

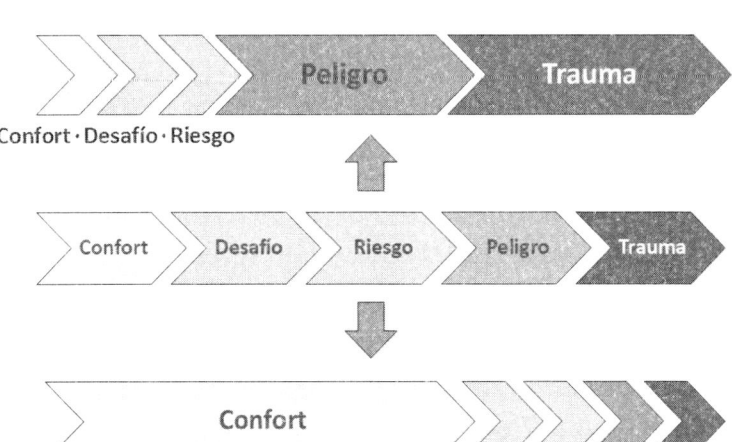

Figura 4. *Continuum* del riesgo según nuestra percepción. En el centro está la gradación más neutra. Arriba, cómo lo percibe una persona con personalidad temerosa; abajo, cómo lo hace una persona con un alto grado de confianza en sí misma y con el entrenamiento para afrontarlo

El marco de protección, según Apter,[85] lo podemos construir en tres niveles: confianza, seguridad y desapego. Por

85. Apter, M. (2007). *Op. cit.*

un lado, la confianza viene a su vez de la actitud y la aptitud que uno tenga frente al riesgo, derivadas a su vez de la familiaridad con él. Se trata, en materia de gestión, de afrontar el riesgo o adaptarse a él, lo que encajaría en el modelo autorregulador visto antes. El segundo es crear seguridad dentro de ese marco, que nos sirva de refugio ante el riesgo o las adversidades en general. Es decir, que las dejamos fuera, bien alejándonos de él o bien modificándolo mediante medidas y protocolos de seguridad, prevención y protección. No solo evitamos el trauma, sino que nos alejamos del peligro que lo puede causar. Se trata de una estrategia cómoda, aunque es posible caer en un sesgo cognitivo, en una falsa sensación de control sobre lo que nos rodea que resulta engañosa, pues lo que hemos hecho ha sido manipular la realidad. En gestión de riesgos se hablaría entonces de evitar o mitigar y se correspondería con los modelos hiperregulador (en el caso de la evitación) o de consenso (en el caso de la mitigación). En el primer caso, el control es intrínseco, es decir, depende de uno mismo; mientras que, en el segundo, es un control externo que requiere manipular el riesgo. El tercer marco de protección consiste en el desapego, es decir, aquel que ignora el riesgo. Es esta, quizá, la actitud más arriesgada, pues implica no solo una falta de conocimiento para manejarlo, sino un desinterés en identificarlo en primer lugar. Este modelo es el de la indiferencia.

Tabla 6. Relación entre el *continuum* del riesgo y diferentes aspectos relacionados con su gestión

Continuum del riesgo	Confort	Desafío	Riesgo	Peligro	Trauma
Nivel de riesgo real (adaptado de Ayora)[86]	Casi nulo o trivial	Tolerable	Moderado	Importante	Intolerable
Marco protector (basado en Apter)	Confianza	Seguridad		Desapego	
Actitud ante el riesgo (adaptado de Harris y Thompson)	Hiperre-gulación	Consenso	Autorre-gulación	Indiferencia	
Zonificación de aprendizaje (según Vygotsky)[87]	Confort / Peligro		Aprendizaje	Peligro	
Medidas de gestión (adaptado de Davenport)	Vigilar	Aceptar	Afrontar	Transferir o mitigar	Evitar

Con estos ejemplos queda claro que el manejo de riesgos implica una mezcla saludable y sensata de los niveles de confianza y seguridad de Apter. El modelo puramente intrínseco (la confianza) puede jugarnos una mala pasada, por exceso de ella, cansancio, errores de cálculo, o por pequeñas variaciones en la situación que pueden resultar fa-

86. Ayora, A. (2019). *Gestión del riesgo en montaña y actividades al aire libre.* Editorial Desnivel, Madrid.
87. Vygotski, L. S. (2012). *El desarrollo de los procesos psicológicos superiores.* Ed. Austral, Barcelona.

tales, al no haber calibrado bien el riesgo e interpretarlo como casi inexistente. En cambio, depender del todo de la seguridad que proporcionan los factores extrínsecos (ya sean personas o protocolos) nos limita mucho en nuestra capacidad de improvisación, decisión y acción, por lo que deberemos apelar también a la confianza en nuestras capacidades.

Con el modelo de desapego, por otro lado, no significa que no haya una implicación emocional con la situación. Piénsese en el espectador que observa a alguien hacer algo arriesgado, muy típico en el mundo del deporte, pero también en las series de telerrealidad en las que vemos a policías o bomberos hacer su trabajo. No corremos ningún riesgo, pero disfrutamos viendo cómo otros lo hacen. También es posible entrar en ese estado de desapego mediante la fantasía o la memoria: nos imaginamos haciendo algo de alto riesgo, como subir al Everest o circunnavegar la Tierra, obviamente sin riesgo, porque para eso estamos en el reino de la fantasía. Lo podemos recrear también mediante lecturas, en las que nos ponemos en la piel del protagonista. La memoria nos permite rememorar episodios de nuestra juventud, en los que hicimos cosas que ahora no nos atreveríamos o nos parecerían absurdas y temerarias.

Cuando se sale del ámbito de lo teórico o de lo onírico, el marco de desapego también tiene sus riesgos: copiar retos virales de internet, en apariencia inocuos, puede salir muy caro. Abundan los ejemplos en la prensa, no hace falta reseñarlos aquí. A veces, alguien puede manipular una de estas zonas, la que depende de factores extrínsecos, para hacernos sentir seguros y manipular así nuestro comportamiento. Los centros comerciales, por ejemplo, crean *ex profeso* un marco de protección que hace que nos parezcan sitios ideales para soltar a los niños.[88] Son espacios cerrados pero amplios, lo que permite que se muevan con libertad y seguridad. Y los padres, mientras, podamos consumir a gusto. Los casinos, por otro lado, sustituyen el dinero por fichas, para que nos resulte más fácil deshacernos de ellas en el juego y no percibir cómo vamos perdiendo nuestros duros (y tal vez la dignidad) a medida que avanza la noche. Estos espacios, centros comerciales y casinos, están por cierto diseñados para que no se pueda ver el exterior y percibir así el paso del tiempo por los cambios de luz.[89] Una estrategia más para cerrar esa burbuja y atraparnos dentro de ella.

88. La disciplina del *neuromarketing* se dedica, entre otras cosas, a la manipulación de la percepción de los espacios de venta. Para quien desee saber más, con ese título se pueden encontrar decenas de títulos a la venta.
89. Es una de las características de los «no lugares» que bautizó el antropólogo Marc Augé. Son espacios fácilmente reconocibles por su carácter anodino y uniforme, sin apenas referencias externas, como aeropuertos o centros comerciales. Véase: Augé, M. (1998). *Los no lugares, espacios del anonimato: una antropología de la sobremodernidad.* Gedisa, Barcelona.

Identificar los riesgos para decidir qué hacer con ellos

La gestión de los riesgos pasa indefectiblemente por su identificación. Uno de los mayores expertos en España de seguridad en montaña, el coronel Alberto Ayora, distingue cinco niveles de riesgo que tienen su correspondencia con el grado de daño que pueden causar.[90] En sus libros insiste repetidas veces —como hago yo aquí también— que el riesgo cero no existe. Lo más cercano a ello sería lo que él denomina trivial, que no requiere acción concreta ni inmediata. Este primer nivel es poco estimulante, pero permite hacer una transición tranquila entre momentos de mayor riesgo. En el siguiente nivel, el riesgo tolerable es aquel que exige precaución y comprobaciones periódicas para ver que se mantiene el control. Se podría considerar un calentamiento hacia la obtención de un conocimiento relevante para la gestión. A continuación, el riesgo moderado es aquel que requiere medidas específicas y monitorización frecuente. En el contexto del aprendizaje y entrenamiento de competencias, es el nivel de riesgo que ofrece el mayor equilibrio entre atención y beneficio. En cuarto lugar, está el riesgo importante, que es aquel que nos pone en la zona de peligro. Si estamos en la montaña, la actividad debe paralizarse, pues entraña mucha incertidumbre. Aquí el aprendizaje no es

90. Tal y como describe en su obra de obligada lectura para quien tenga interés en la gestión de riesgos en el medio natural: Ayora, A. (2019). *Op. cit.*

óptimo, porque la atención está puesta en la inmediata mitigación del riesgo. Por último, encontramos el riesgo intolerable, que es aquel al que no se debe llegar bajo ningún concepto, porque significa que habrá daño inminente. Es un riesgo que hay que evitar.

Si bien esta clasificación del riesgo es sencilla y clara, calibrarlo y colocarse en un nivel determinado de intervención sobre la marcha no es fácil. Algunos aspectos son evaluables sobre el terreno, otros no se perciben en el momento. Hay además condicionantes subjetivos que harán que cada persona tenga una percepción diferente de ellos. No obstante, es necesario disponer de un marco de referencia para poder determinar un riesgo de la forma más objetiva posible.

Hay muchas maneras de aproximarse a la gestión de riesgos. Un ejemplo lo ofrece Chris Davenport, esquiador extremo profesional. Dado que el riesgo es parte consustancial de su vida, ha tenido que aprender a manejarlo. Davenport sugiere un sistema para clasificar nuestra aproximación a él, cuyas siglas en inglés son *MEAT* (carne), de las acciones de mitigar, eliminar, aceptar y transferir.[91] De más conservador a más atrevido, se trata, por un lado, de eliminar el riesgo, es decir, no meterse en la situación. Podemos decidir no comer la comida de un puesto callejero que tiene la mercancía expuesta al sol y con moscas merodeando, porque el riesgo de acabar con una gastroenteritis es muy

91. Las explica en su charla TEDx «Risk management», impartida en Denver, Estados Unidos, en 2018.

alto. Otra opción es transferir el riesgo, es decir, dejar que otros prueben antes, por lo general quienes tienen más experiencia y nos pueden mostrar cómo gestionarlo. O simplemente porque tienen más ímpetu. ¿Quién no ha dejado que otros se zambullan primero en la piscina, para ver si el agua está fría? Por otra parte, se puede mitigar el riesgo, es decir, reducir la peligrosidad de la situación. Relata Davenport cómo provoca avalanchas antes de esquiar montaña abajo para evitar que le caigan encima. Pero igual de válida es la estrategia de llevar un paraguas en el bolso si hay previsión de lluvia. Por último, está la aceptación del riesgo tal cual. Entender que está ahí y que hay alguna probabilidad real de que suceda. Bajar por pendientes de 45° es un ejemplo: no hay manera de reducir el riesgo propio de la pendiente, que no va a cambiar; solo caben la técnica y el instinto. El modelo de Davenport funciona bien para los deportes de riesgo, que, como vimos en la figura 4, tiene atrofiadas las zonas de riesgo, peligro y trauma e hipertrofiada la de confort.

A mí me resulta más útil la secuencia: evitar, mitigar, transferir, afrontar, aceptar o vigilar, que se corresponde con los diferentes estadios del *continuum* del riesgo, con las actitudes hacia ellos y con los marcos de protección que queramos aplicar (tabla 6). Antes de pasar a explicar cada uno de ellos, debemos identificarlos primero para decidir qué estrategia elegir. En primer lugar, debemos distinguir si se trata de un riesgo sobre el que tenemos algún tipo de control, los que denominaríamos intrínsecos. Si es así, tenemos mucho margen para decidir qué estrategia seguir con ellos, en función del interés que tengan, el tiempo del que dispongamos y si vale la pena el esfuerzo de cambiarlos. Pensemos, por ejemplo, en una pista negra.[92] ¿Tenemos tiempo y ganas de entrenar como para bajarla desde la «zona de confort»? Si somos un esquiador novel, en cambio, esa pista estará en la zona de peligro o incluso de trauma. Hay otros riesgos que no podemos cambiar, porque están fuera de nuestro control: los extrínsecos. Poco podemos hacer para adaptarnos a un tsunami, más allá de salir corriendo de la playa.

También debemos saber si esos riesgos son estáticos o dinámicos. En el primer caso, siempre estarán allí. La pendiente y morfología de la pista no va a cambiar; es siempre la misma, salvo que un evento sísmico la cambie. Es, por tanto, un riesgo estático. Lo que sí puede variar es la cantidad y el estado de la nieve que la cubre, que sería entonces un riesgo dinámico. A la hora de identificar los riesgos, es importante saber qué podemos cambiar nosotros y qué no, y qué tiene permanencia y qué no. En este último caso, además, es necesario saber con qué frecuencia se pueden esperar cambios. La nieve puede variar de un día para otro o incluso de una hora a la siguiente, según la insolación y las condiciones meteorológicas. Otros riesgos, aunque dinámicos, pueden tardar en cambiar o hacerlo de forma predecible, como las ma-

92. Las pistas de esquí europeas suelen clasificarse por colores, siendo de más fáciles a difíciles las verdes, azules, rojas y negras.

reas en la playa. Esta información será útil a la hora de elaborar protocolos.

En la literatura de gestión de riesgos no profesionales, por lo general referida a los naturales, se emplean además dos términos que podrían actuar de freno o acelerador de estos, según el caso. Está por un lado la exposición, que se refiere al tiempo que estamos en contacto con él. En el caso de catástrofes naturales está claro. Por ejemplo, una exposición permanente al riesgo de inundación se da cuando residimos en una zona inundable. La probabilidad de que se inunde será alta o baja, pero si lo hace, estaremos expuestos a ello. Un policía que trabaje en turno de noche en un barrio peligroso está más expuesto a sufrir algún incidente que otro que trabaje de día dentro de una comisaría. Simplemente porque hay más ocasión de tener que enfrentarse a situaciones de riesgo en ese barrio que en una oficina. Es decir, que la exposición aumenta no solo por tiempo, sino por la frecuencia esperada de un evento.

Por otro lado, está la vulnerabilidad. Es aquello que nos hace más propensos al daño, una vez que sucede algo. Tiene mucha relación con el conocimiento que yo indico como factor protector frente al peligro. Una casa construida con criterios de protección sísmica será menos vulnerable al daño por terremoto que una que no tenga esos elementos de protección.

Estrategias frente al riesgo

La elección de una u otra estrategia de gestión de riesgo (evitar, mitigar, transferir, afrontar, aceptar o vigilar) va a depender de varios factores, como los indicados en la tabla 6: la intensidad del riesgo, sus características y origen, cómo lo percibimos. La gestión del riesgo está orientada a reducir la probabilidad y el impacto. Nuestro conocimiento previo del riesgo influye en cómo lo percibimos y nos puede indicar si hay carencias en la formación o entrenamiento que poseemos. Cuanto más sólidos sean, menor será el riesgo percibido. Caracterizarlo (si es intrínseco o extrínseco, por ejemplo) nos ayudará a determinar las lagunas de conocimiento, sobre todo en el caso de riesgos intrínsecos, y diseñar los protocolos de actuación, en el de los extrínsecos. El carácter estático o dinámico del riesgo nos obligará a vigilar su frecuencia y variabilidad temporal para actuar de forma más precisa frente a ellos. Con todo ello reduciremos la vulnerabilidad, porque estaremos mejor preparados, y el daño será por tanto mínimo o nulo. La exposición, por otro lado, se puede controlar mucho mejor con una adecuada estrategia de gestión. En algunos casos será deseable reducirla, como con aquellos riesgos que no podemos controlar bien o con los que podría haber mayor impacto. Sin embargo, podría ser deseable una exposición controlada a riesgos de menor nivel, que pueden contribuir al fortalecimiento de nuestras competencias y, por lo tanto, a optimizar los beneficios.

La estrategia de gestión se compone de varias acciones secuenciales que tienen como finalidad reducir el impacto del riesgo, valorando y reduciendo nuestra vulnerabilidad (pero no necesariamente la exposición, como acabo de indicar). De esa manera lograremos optimizar el beneficio que obtenemos de él, con un daño casi nulo. El énfasis en unos pasos u otros puede variar según la estrategia que sigamos, pero suelen darse todos ellos. Entre las acciones que debemos llevar a cabo, preferiblemente en este orden, están el estudio detallado de las condiciones individuales, del resto de las personas implicadas y las del terreno. Con ello sabremos qué recursos técnicos, logísticos, económicos y humanos necesitamos para gestionarlos. A partir de ahí podemos planificar la formación y el entrenamiento necesarios y el acondicionamiento del terreno, si es pertinente. Con esta información será el momento de preparar protocolos de actuación, que determinen qué hacer, quién lo hace y cómo, en caso de que se presente un riesgo determinado. Estos pasos los solemos dar de forma más o menos inconsciente y tal vez desordenada en nuestra vida diaria, pero no dejamos de hacerlo casi nunca. Pongamos, por ejemplo, que queremos irnos con los niños una semana de vacaciones al Caribe. Antes de decidir a dónde ir, averiguaremos si es una zona segura, que no haya conflictos armados, inseguridad ciudadana o posibles catástrofes naturales que nos puedan afectar. Si todo está suficientemente bien, podemos entonces decidir si vale la pena el viaje. Aún tendremos que ver si es apropiado para nosotros, según nuestro estado de salud, la edad de los niños, la afinidad con la cultura o, simplemente, si nos apetece ir a todos. Una vez visto esto, habrá que valorar qué recursos necesitamos, desde el más evidente, el coste, hasta qué meter en las maletas. Antes habríamos comparado una guía de viaje para planear las visitas y las actividades; ahora buscaremos esa información en internet. Tendremos que ver si estamos preparados físicamente para algunas de ellas, como bucear o subir a un volcán, o si necesitaremos entrenar para ello. Si lo nuestro es estar tumbados a la bartola, no necesitaremos preparación física alguna, pero no puede faltar la crema solar. Para los riesgos que no controlamos o incluso desconocemos, suscribiremos un seguro de viaje y nos vacunaremos contra algunas enfermedades tropicales. Tomaremos precauciones con el agua y los alimentos, para minimizar el riesgo de sufrir una gastroenteritis. Dejaremos el teléfono de contacto del hotel a nuestra familia, por si pasa algo durante nuestro viaje, y pediremos a los vecinos que estén atentos a la casa, recojan el correo y cuiden de nuestras plantas o mascotas.

Acompañaremos todo ello de un análisis riesgo-beneficio detallado que nos permitirá afinar todo lo anterior y decidir finalmente si un riesgo vale o no la pena, para lo cual puede ser muy útil conocer la experiencia de otros en esa tesitura. El análisis riesgo-beneficio puede ayudar a justificar ante terceros por qué lo asumimos, por lo que resulta una herramienta muy útil en la vida profesional y, aunque no lo parezca tanto, también en lo personal. En la figura 5 podemos ver de forma algo más estructurada cómo tomamos las decisiones de gestión de riesgos, basándonos en la valoración previa de los beneficios, para lo cual las preguntas del Dr. Carson pueden ser de gran ayuda. Una vez decidido que puede valer la pena, iniciamos el recorrido por el árbol de decisiones, hasta llegar a la estrategia de gestión más adecuada. Como vemos también en la figura 6, mediante el conocimiento (información, formación, entrenamiento, protocolos), podemos reducir los noes a síes condicionales, y estos, a su vez, a síes incondicionales. Veamos a continuación qué implica cada estrategia.

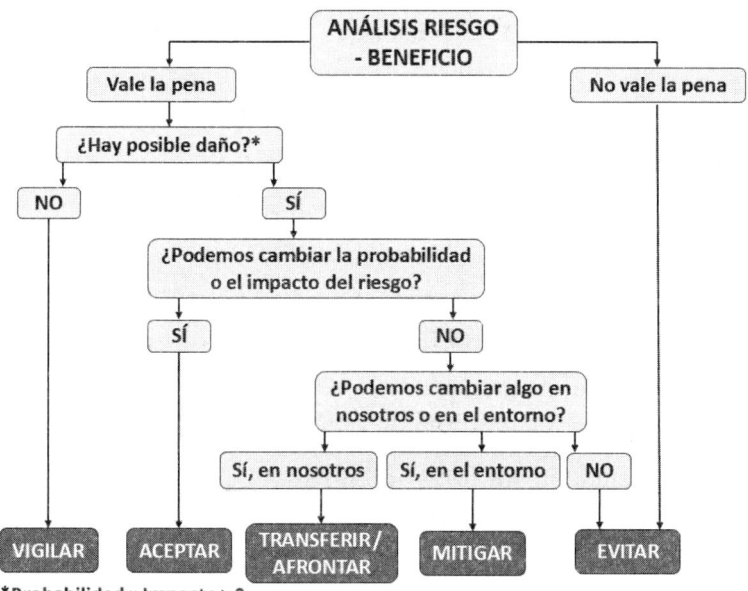

Figura 5. Árbol de decisiones sobre qué estrategia elegir

En general, cuando nos enfrentamos de nuevas a una situación de riesgo, lo instintivo es tratar de evitarlo. ¿Para qué jugársela, si dando un rodeo lo podemos resolver? Ya hemos visto que eso no es ni tan obvio, pues hay a quien le gusta el riesgo, ni tan conveniente, dado que hay un beneficio claro de enfrentarse a él, según y cómo. Está claro que vale la pena viajar al Caribe, pero tal vez no tanto a otros destinos. En eso consiste la estrategia: en minimizar el riesgo optimizando el beneficio, cuando lo hay. **Evitar** el riesgo debería ser la última opción para elegir, pues nos sitúa en un extremo del *continuum* en el que perdemos toda capacidad de cambio y oportunidades de desarrollo personal. Es decir, minimiza el riesgo, sí, pero también anula el beneficio.

Además, evitar el riesgo no lo hace desaparecer; simplemente dejamos de (re)conocerlo, siendo por tanto la postura más arriesgada a largo plazo, porque no aprenderemos a gestionarlo nunca. Si un riesgo se presenta de forma recurrente, quizá sea el momento de reevaluar nuestra posición frente a él. Si vivimos en una zona que se inunda todos los años, a lo mejor hay que considerar irse de allí (si es que es posible). Si no queremos que nuestros hijos usen los cuchillos de cocina, en vez de prohibírselo, podemos o bien guardarlos cuando aún no haya un beneficio claro en que los usen (siendo bebés, por ejemplo), o enseñarles a usarlos y, mediante la destreza adquirida, pasar a otro nivel de gestión. Es decir, cambiar la estrategia de la evitación a la mitigación mediante la adquisición de conocimiento. En la figura 6 se ilustra cómo podemos pasar de una estrategia más conservadora a otra más atrevida, usando el conocimiento como pasarela para reducir el posible daño. Recordemos que el conocimiento es lo que diferencia el riesgo del peligro, aprovechando los beneficios del primero sin que exista daño.

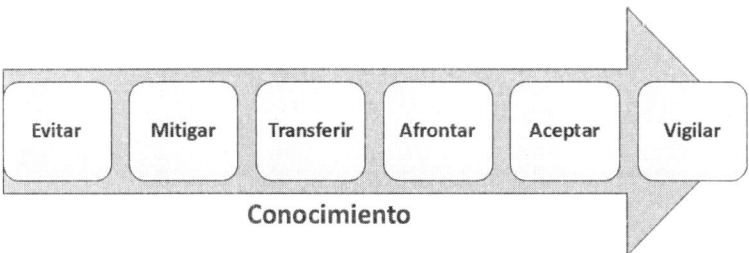

Figura 6. Pasarela del conocimiento para el manejo de los riesgos

Antes que evitar, una posible estrategia sería **mitigar** los riesgos. En la medida de lo posible, se trata de manipular aquellos sobre los que tengamos control (intrínsecos) y cambiarlos para reducir la probabilidad del daño. Un ejemplo sería mantener la instalación eléctrica a punto en casa, para limitar el riesgo de un incendio. Otra posibilidad de esta estrategia es elaborar un protocolo que reduzca nuestra exposición o vulnerabilidad ante un riesgo que no podemos manejar. Por ejemplo, llevar un bastón cuando salgamos a pasear por el campo, que nos puede ayudar a ahuyentar un animal.

Cuando sentimos que tenemos un cierto control sobre el riesgo, pero que necesitamos mejorar nuestra capacidad de asumirlo, es cuando lo podemos **afrontar.** Los ejemplos más evidentes vienen del mundo del deporte de aventura, pues con algo de preparación y material, podemos adentrarnos en ellos. El kayakista profesional Steve Fisher nos da algunas claves para afrontar riesgos, que tienen que ver con la preparación y la oportunidad. En el primer caso, hablamos de las habilidades que uno entrena, la experiencia que posee y el equipo que lleva. En el otro caso, el de la oportunidad, hablamos de las condiciones del lugar y el momento. Él lo resume con eliminar el factor «¿y si?»: ¿Y si se rompe el kayak? ¿Y si hay más rocas en este rápido? ¿Y si vuelco?... Él se prepara para responder a todas estas preguntas entrenando, buscando el mejor equipo, estudiando el terreno... es decir, controlando los riesgos intrínsecos, reconociendo los extrínsecos y preparándose para responder a ellos. En este mundillo es habitual ir acompañado de personas que atesoran más experiencia en la tarea o tienen un umbral de percepción de riesgo más alto que el nuestro. Nos serán de gran ayuda para ver, de primera mano, qué pasa cuando uno se lanza con el kayak, el paracaídas o a tumba abierta por una pista negra. Es lo que Davenport describía como **transferir:** ver cómo lo hace otro antes. Puede aplicarse a muchos otros ámbitos de la vida: la cocina, la artesanía, la música, el arte. Ver a otros antes de probar nosotros es un poderoso ejemplo de que «sí, se puede».

Cuando está en nuestra mano cambiar el propio riesgo para reducir su probabilidad o impacto, sin necesidad de cambiar el entorno o a nosotros mismos, simplemente lo podemos **aceptar**. Es tan sencillo como llevar un paraguas por si llueve o dar un rodeo para evitar un atasco. Se trata de riesgos de bajo nivel que tampoco suponen mayor problema si la estrategia de gestión falla (el paraguas se rompe, hay tráfico en la alternativa elegida). Es una pequeña fatalidad, una incomodidad más que un daño. Podemos aprender alguna lección de ello y afinar la estrategia con la experiencia adquirida: llevar un chubasquero en vez de un paraguas, salir a otra hora para evitar el atasco.

Finalmente, cuando el riesgo es mínimo, es decir, el daño tiende a cero (ya sabemos que el riesgo cero absoluto no existe), basta con prestar atención. Podemos **vigilar** si hay cambios en la tendencia del riesgo, o algún elemento o aspecto que se nos haya podido escapar. Por ejemplo, ver si hay alguna piedra en el prado por el que corren nuestros hijos. La vigilancia rara vez nos obliga a ser más restrictivos, porque nos dará una información cada vez más rica sobre nosotros mismos y el entorno, que nos permitirá mantenernos en los niveles iniciales de intervención. De nuevo, el conocimiento acumulado será la clave para disfrutar, y no sufrir, de los riesgos.

Una nota sobre los contextos profesionales

Aunque este libro no trate específicamente de ellos, hay riesgos en el ámbito profesional o social que afectan a nuestra vida personal. Cuando hablamos de este tipo de riesgos, la estrategia por defecto es evitarlos. Para ello usamos dos conceptos en apariencia similares, pero que es importante saber distinguir: precaución y prevención. La precaución es la actitud que adoptamos cuando hay un riesgo incierto y desconocido. Uno de los ejes de la política ambiental europea es, precisamente, el principio de precaución. Según este, en caso de que una determinada política o acción pudiera causar daños a las personas o al medioambiente y no existiera consenso científico al respecto, la política o acción en cuestión debería abandonarse.[93] Por ejemplo, el uso de una nueva sustancia química cuyos efectos sobre la naturaleza se desconocen. Para ello hay que hacer una evaluación de riesgos primero y tomar medidas de prevención después, ajustadas a los resultados de esa evaluación preliminar. La prevención, por tanto, se ocupa de los riesgos que ya son conocidos y trata de evitarlos o mitigar sus efectos. Por ejemplo, limita el riesgo de electrocución en una instalación eléctrica, colocando aislantes o formando a los trabajadores sobre los procedimientos para trabajar de forma segura. Se podría decir que la precaución es teórica y general, mientras que la prevención es práctica y concreta.

La precaución es necesaria, según dicen las instituciones, porque el ser humano tiende a ser impulsivo e irracional. Si

93. Está establecido así en el artículo 191 del Tratado de Funcionamiento de la Unión Europea (TFUE).

cada uno hiciera lo que le da la gana, nuestras decisiones estarían dirigidas por nuestros apetitos más básicos, el cerebro reptiliano al que me refería antes, es decir, hambre, sexo, dinero y poder. Es necesario, dicen, guiar a los ciudadanos de forma continua, como lo harían unos padres con sus hijos. Ese paternalismo institucional provoca un gran rechazo, como todos habremos experimentado alguna vez al pasar un control y encontrarnos con la rigidez de las normas que nos impone el guarda de seguridad de turno. Gerd Gigerenzer achaca esa necesidad de control institucional al desconocimiento básico de la gestión de riesgos que tiene la mayoría de las personas. Dada la complejidad de la sociedad moderna, el individuo ya no queda protegido por sí mismo o por su tribu, sino que debe confiar para ello en las instituciones. Pero también, dado que estas están dirigidas por personas y no están exentas de errores de cálculo, Gigerenzer insta a que el ciudadano calcule mejor sus propios riesgos, entendiendo y cuantificando la incertidumbre por sus propios medios.[94]

El problema de base del principio de precaución y que contagia al de prevención es que tiene en cuenta riesgos hipotéticos, no reales, y por eso resulta tan limitante. Como ya vimos en la figura 1, Gigerenzer distingue entre riesgos desconocidos o inciertos y riesgos conocidos, es decir, aquellos que se pueden cuantificar y, por tanto, planificar las actuaciones frente a ellos. Para el primero se aplicaría el

94. Gigerenzer (2014). *Op. cit.*

principio de precaución; para los segundos, la prevención. Famosa es la Unión Europea, de la que precisamente nace este principio, por pretender regular todos los aspectos de la vida, queriendo tender asintóticamente al riesgo cero, tanto en los conocidos como en los inciertos. Marcolongo y colaboradores nombran algunos ejemplos absurdos de esa sobrerregulación, desde la curvatura de los plátanos al Pantone de la pintura de los aparcamientos en todo el territorio de la Unión.[95] Como bien dicen, todo está «normalizado, regulado, reglado, dirigido, calibrado, desinfectado».[96] El riesgo se considera sucio, indecente, y debe ser prohibido. La búsqueda incesante de seguridad a toda costa nos hace caer en la dictadura de la norma, mientras que nos anula e invalida en nuestra responsabilidad como individuos y como tribu. La infantilización que causa esta actitud institucional genera un bucle de retroalimentación negativo, en el que somos cada vez menos capaces y más dependientes de dichas instituciones. Dado que estas están dirigidas por personas sensibles al poder político y económico, hay, aquí sí, un gran riesgo de manipulación. Todo en aras de la seguridad y de la paz, nos dicen. Se da la interesante paradoja de que el progreso necesita ir de la mano del riesgo, pero es justamente ese progreso el que genera un miedo

---

95. Tiene gracia, porque algunas cosas que sí estaría bien estandarizar, como el significado de las banderas en las playas europeas, difiere notablemente de un país a otro.
96. Marcolongo *et al.* (2023). *Op. cit.*, p. 63.

cerval a la pérdida y nos impulsa a la máxima regulación del riesgo.

Pese a esta crítica, es evidente que no se trata, tampoco, de volver a la ley de la selva. Los principios de precaución y la prevención deben aplicarse con el mayor cuidado posible por el detalle, pero sin el prisma del miedo y la seguridad a toda costa, pues solo así se pueden optimizar los beneficios de los riesgos. Una precaución maximalista resulta paralizante, mientras que ninguna precaución nos lleva a un territorio que, al menos en lo profesional y en lo social, no sería admisible. Cuanto más sepamos sobre riesgos, mejor aprenderemos a gestionarlos sin necesidad de limitar nuestros aprendizajes y anular nuestras competencias.

Análisis de incidentes y accidentes

Una de las herramientas más habituales en la gestión profesional de riesgos es el análisis de incidentes y accidentes, que permite mejorar nuestro desempeño. La Organización Mundial de la Salud define accidente como «un suceso eventual, involuntario o anómalo del cual, independientemente de su gravedad, resulta un daño físico o psíquico, como consecuencia de una falta de previsión o defecto de seguridad». Un incidente, en cambio, se puede definir como «un evento igualmente no esperado ni deseado que no ha causado trauma alguno, pero que, bajo circunstancias ligeramente diferentes, podría haber dado lugar a un accidente».[97] El incidente es, por tanto, el portal al accidente, es lo que alerta de que, a la próxima, podría serlo. La relación entre ellos puede verse en la pirámide de Bird, también conocida como la pirámide de la accidentalidad (figura 7).

En 1969, Frank Bird, científico estadounidense especializado en seguridad industrial, observó la siniestralidad laboral en una población de 1 750 000 personas. Concluyó que, por cada accidente fatal, se daban 10 accidentes graves, 30 accidentes leves y 600 incidentes sin consecuencias, pero que las podrían haber tenido. Aunque es evidente que esta pirámide será más o menos empinada en función de muchos factores, como el tipo de trabajo, el lugar o las personas que lo llevan a cabo, es un indicador útil para gestionar los riesgos. Una frecuencia alta de incidentes en un lugar de trabajo (como una escuela) debería hacer saltar las alarmas para que ninguno de ellos se convierta en accidente, mucho menos si este es letal. Tratar con rigor los incidentes, que *a priori* cursan sin consecuencias, es un medio muy eficaz para prevenir accidentes, que tienen resultados más graves. Es necesario, por tanto, identificar qué puede causar esos incidentes, si se trata de las condiciones propias del lugar, las características de la actividad, de la organización del trabajo o de la formación y responsabilidades de las personas que lo ejecutan.

97. Obtengo esta definición de Ayora (2019). *Op. cit.*

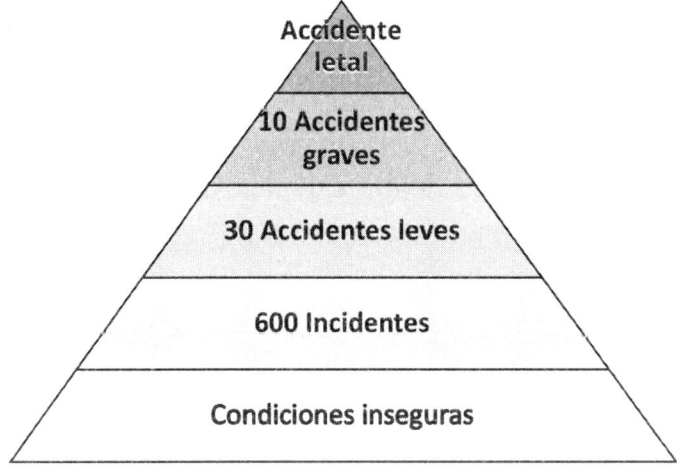

Figura 7. Pirámide de la accidentalidad de Bird (adaptado de Lisa Villar CC BY-SA 4.0)

Los actos y las condiciones inseguras que conducen a un accidente no se dan porque sí. Son la consecuencia de una serie de fallos en cadena que, cuando se alinean, generan una situación de riesgo que potencialmente puede acabar en daño. En el modelo de queso emmental —el de los agujeros— se aprecia cómo, cuando los fallos se alinean, se produce el acto inseguro (figura 8). Lo normal es que la organización y la supervisión del trabajo actúen como filtros de protección para evitar que se den las condiciones inseguras y, por tanto, no haya actos inseguros. Ningún sistema de protección es infalible, siempre habrá agujeros; se trata, por tanto, de asegurar capas de protección que impidan en la medida de lo posible que estos se alineen. Por eso, es importante que no haya solo un responsable de la ejecución del análisis, sino que haya siempre otro que lo revise.

Un ejemplo clásico de accidente en el que se alinearon varios factores de riesgo es el naufragio del *Titanic*. Es de todos conocido que el buque chocó contra un iceberg, que rasgó el casco y produjo una vía de agua suficientemente grande como para hundirlo. Pero hubo muchos hechos que contribuyeron al desastre, además del infausto bloque de hielo. De su presencia ya alertaron otros buques, información que la tripulación del *Titanic* desestimó. La certeza llegó demasiado tarde y, aunque la nave intentó virar, no logró esquivarlo. Aunque el barco contaba con compartimentos separados bajo la línea de flotación y era capaz de navegar con cuatro de ellos llenos de agua, se llenaron cinco. Además, los mamparos que separaban los compartimentos no llegaban hasta el techo, por lo que no eran estancos. Otros factores contribuyeron a que el daño fuera aún mayor, por ejemplo, un número insuficiente de botes salvavidas para todos los pasajeros.[98] Sirva este ejemplo para determinar cómo los diferentes mecanismos de organización y supervisión fallaron y también lo hicieron los protocolos de actuación, que en conjunto causaron un impacto aún mayor. La exposición (viajar por una zona de icebergs) y la vulnerabili-

---

98. Hay decenas de libros y documentales sobre el *Titanic*, aparte, claro está, de la famosa película homónima (James Cameron, 1997) que en su día fue un taquillazo. Una búsqueda rápida en internet nos ofrecerá abundante material escrito y audiovisual sobre su destino.

dad (falta de coordinación, ausencia de protocolos) multiplicaron el daño.

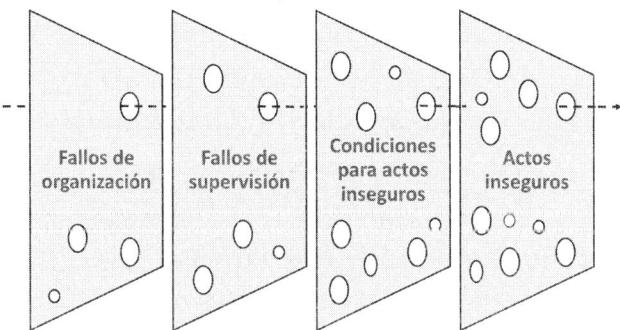

Figura 8. Cadena de fallos que conducen a actos inseguros (adaptado de Ian M MacKay - CC BY 4.0)

Otro ejemplo sencillo que nos propone Taibo[99] se basa en la triangulación entre condiciones potencialmente inseguras, actos potencialmente inseguros y errores de juicio. Imaginemos a una persona caminando por un terreno resbaladizo, por ejemplo, una pendiente de lascas de pizarra bajo la lluvia (condición potencialmente insegura), que decide sacar el teléfono de su bolsillo. Este es un acto potencialmente inseguro porque distrae su atención de mirar bien por dónde pisa. Cuando esa persona usa el teléfono para hablar o sacar fotos mientras camina, comete un error de juicio, pues no piensa en que puede caer fácilmente. Este tipo de secuencia es muy habitual en los incidentes y accidentes de montaña, en los que el exceso de confianza, por un lado, o la

99. Taibo (2016). *Op. cit.*

inconsciencia, por otro, lleva a las personas a caer en esta tríada. Una vez más, es el desajuste en el conocimiento detallado del riesgo —por exceso o por defecto— lo que les hace incurrir en ella. En materia de seguridad, hay una máxima que se puede aplicar tanto en montaña como en cualquier otro contexto.[100] De hecho, aparece, con palabras similares, en la puerta de uno de los laboratorios de mi universidad:

Condiciones seguras + Actos seguros = Seguridad
Condiciones inseguras + Actos inseguros = Accidente

La investigación de accidentes (e incidentes) permite determinar qué peso ha tenido alguno de los factores que han podido contribuir a la cadena de fallos o tríada de inseguridad. El ya citado coronel Ayora distingue varias categorías. Por una parte, están las causas indirectas o básicas, que se dan incluso antes de salir, por lo que también las llama «causas latentes», y que son más difíciles de detectar. Dentro de estas están las relacionadas con la organización: liderazgo, planificación o supervisión deficientes pueden ser algunas de ellas. Las relacionadas con el individuo incluyen insuficiente motivación, preparación o experiencia. Otro gran bloque de posibles causas de un accidente son las directas o inmediatas, las que tienen lugar instantes antes del suceso. Incluyen las causas objetivas o lo que hemos llamado antes riesgos extrínse-

100. Ayora, A. (2012). *Riesgo y liderazgo. Cómo organizar y guiar actividades en el medio natural.* Editorial Desnivel, Madrid.

cos, es decir, aquellos relacionados con el entorno y que no están influidos por nuestra actividad: las condiciones meteorológicas, el terreno o la presencia de animales, por ejemplo. Están también las causas subjetivas, o riesgos intrínsecos, vinculadas con las personas que protagonizan la acción. Tiene que ver con factores psicosomáticos (es decir, cómo se encuentran en ese momento), con la personalidad y con el comportamiento que deriva de lo que sucede en ese momento a su alrededor. Un ejemplo sería la presión del grupo, los piques entre colegas o los sesgos cognitivos que llevan a sobre- o subestimar sus capacidades. Todo ello hará elegir uno u otro marco de protección, que puede, o no, ser el adecuado.

Muchas veces los actos inseguros pasan desapercibidos, porque no ha habido ninguna consecuencia. Tal vez seamos conscientes de ellos, pero en otros casos podemos desconocerlos si no recibimos la (in)formación adecuada. En el *Titanic*, las condiciones para actos inseguros no se materializaron hasta que todas juntas abocaron al buque al desastre, pues hasta entonces la travesía había sido feliz. Así, el análisis de incidentes y accidentes puede ser muy útil para prevenir futuros actos inseguros, mejorar protocolos y, por tanto, taponar los agujeros del queso de manera que haya menos y no se solapen. Se trata de ir hacia atrás en la secuencia de hechos (barco que se hace a la mar – presencia de icebergs – avisos sin respuesta – colisión – construcción deficiente del casco – botes de evacuación insuficientes).

Hay muchas técnicas para analizar incidentes y accidentes. Una muy típica es jerarquizar los hechos en forma de raspa de pescado, colocando en orden de aparición los problemas y abriendo ramificaciones para aquellas causas que están relacionadas entre sí. Se conoce como diagrama de Ishikawa, de espina de pescado o diagrama de causa y efecto (figura 9). Este sistema permite identificar los factores humanos, materiales y organizativos que han derivado en un problema; en este caso, un accidente. Facilita establecer las relaciones entre causas primarias y secundarias que decía el coronel Ayora. El *Titanic* seguramente no se habría hundido si hubieran hecho caso a las señales. Pero si lo hubiera hecho con suficientes botes salvavidas, el impacto en vidas humanas habría sido menor.

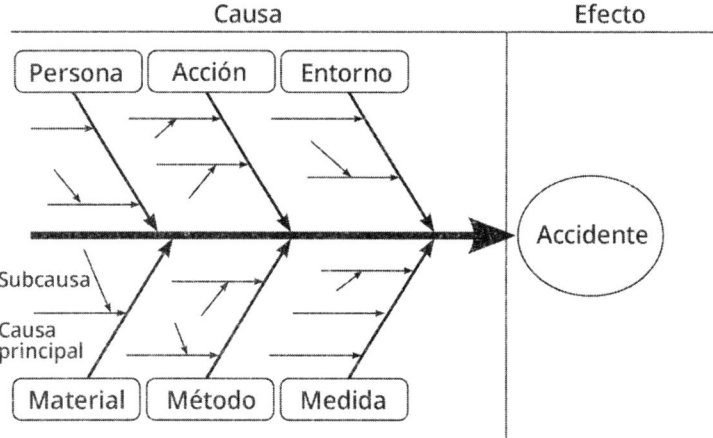

Figura 9. Diagrama de Ishikawa para el análisis de problemas. (Fuente: Adaptado de VARGUX - CC BY-SA 4.0)

El escritor anglo-indio Rudyard Kipling, aunque fue más conocido por su obra literaria, creó el modelo de confianza cero o método Kipling de resolución de problemas. Este modelo permite a las personas u organizaciones definir los problemas con claridad y proteger sus sistemas eficazmente mediante el uso de seis partículas interrogativas, similares a las que usamos para valorar un riesgo: quién, qué, cuándo, dónde, por qué y cómo. Cada una de estas palabras representa un aspecto diferente de un problema e incita a explorar diversas dimensiones relacionadas con el asunto en cuestión. Un ejemplo de estas preguntas en el contexto del análisis de accidentes podría ser:

- ¿Quién es el causante del riesgo? (si aplica) / ¿Quién es el responsable de resolver el problema?
- ¿Qué aspectos materiales o inmateriales están en riesgo?
- ¿Cuándo sucedió el hecho que nos puso en riesgo, desde cuándo?
- ¿Dónde se originó el problema que ha causado el riesgo?
- ¿Por qué no han funcionado los sistemas de prevención, protección o mitigación?
- ¿Cómo se ha solucionado en el pasado o se puede solucionar en el futuro?

Preguntar en detalle por todos estos aspectos permite ser mucho más sutiles en la gestión de los riesgos, tanto antes como después y, por tanto, maximizar la exposición a ellos, al tiempo que optimizar los beneficios que nos ofrecen. Preguntarlos además nos permite mejorar nuestro desempeño en el futuro. En el mundo de la gestión empresarial se utiliza con frecuencia el llamado ciclo de Deming o ciclo PDCA (de las siglas en inglés «*Plan, Do, Check, Act*»). Se trata de una secuencia de acciones en gestión que empieza por planificarla (*plan*). Se puede aplicar tanto a las altas finanzas como a una reforma en casa o una salida a la playa. El siguiente paso consiste en ejecutar lo planeado según lo previsto (*do*), pero no quedarse solo con la experiencia del resultado. Las preguntas del método Kipling entrarían sobre todo en la tercera fase, la verificación (*check*), lo que nos permite detectar fallos y puntos débiles y tomar medidas para mejorar el siguiente ciclo de planificación. Y eso es precisamente lo que haremos, actuar para mejorar (*act*). Y, tras las pertinentes mejoras, se puede volver a empezar.

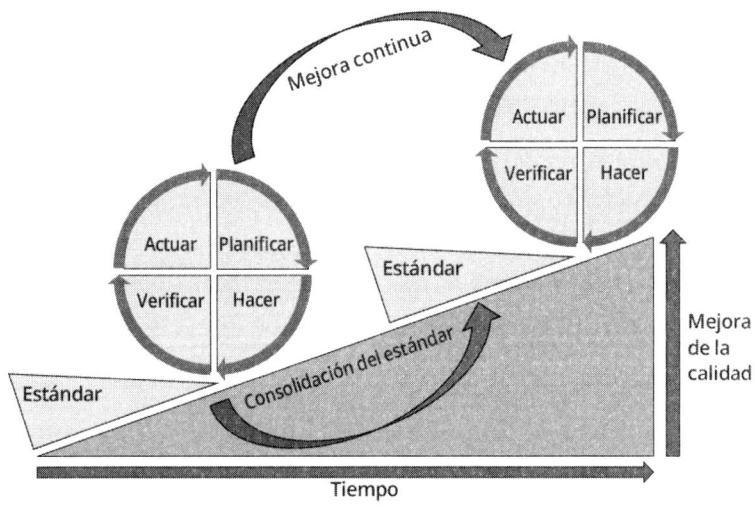

Figura 10. Ciclo de Deming. (Adaptado de: Johannes Vietze, CC-BY-SA 3.0)

El ciclo de Deming no tendría sentido si permaneciera en el mismo lugar, dando vueltas sobre sí mismo. La idea es que, con cada ciclo, mejoremos nuestro desempeño, lo que supone incrementar la calidad de los estándares que hemos aplicado inicialmente. Mejorar, ciclo a ciclo, la gestión de los riesgos hará que seamos cada vez más capaces de sacarles partido.

6.
¿Y en la escuela?

«No puedes cruzar el mar simplemente mirando el agua».

Rabindranath Tagore

El aprendizaje a través del riesgo

Como padres, nuestro instinto nos lleva a querer evitar todo sufrimiento a nuestros hijos. Eso implica minimizar los riesgos. Ya hemos visto que hay estilos de crianza que practican esta visión de forma bastante literal, aunque sabemos que no solo es imposible evitar los riesgos, sino que además no los beneficiamos si no los afrontan nunca. Tarde o temprano se van a topar con una situación que demande la mejor respuesta posible y eso hay que entrenarlo. Además de ir introduciendo gradualmente esas situaciones, otra forma que tenemos los seres humanos de adiestrar a otros sobre riesgos es mediante historias.

A edades tempranas, los niños ven a sus padres como seres mágicos y todopoderosos. No le temen a nada y son un refugio que está siempre a su lado. Es la época de los cuentos de hadas, que imprimen un sello tan indeleble en nuestra psique. Los monstruos, las criaturas que se transforman en la noche y aquellas que juegan al engaño, son fantasías que, vistas desde la seguridad del hogar y el acompañamiento de los padres, ayudan poco a poco a superar los miedos. Creer en estos seres da poder a los niños y les ayuda a ser cada vez más fuertes y resilientes. Se ha visto incluso que el poder percibido que tienen los padres hace que los niños que viven en situaciones de peligro real no las perciban como tales. Durante la Segunda Guerra Mundial, los niños que se refugiaron con sus padres, aunque fuera en lugares más expuestos, sintieron menos temor que aquellos que fueron separados de sus progenitores.[101]

Por no querer dañar las almas infantiles, que percibimos como inocentes y sensibles, estamos creando una generación de cristal que traslada esa ingenuidad a la edad adulta, con decisiones que pueden tener consecuencias bastante más graves, para ellos y para los demás. Ahora ese efecto de las historias lo obtenemos de las redes sociales. A un pinchazo de ratón de distancia, podemos ver en vídeo y a veces en directo las desgracias que les suceden a los demás, pero rara vez va acompañado del relato que lo hace edificante. Más bien se quedan en hilarante. El subgénero de vídeos que muestran accidentes de todo tipo, que criticamos con soltura desde nuestra butaca, acaba teniendo

---

101. Ejemplo que obtengo del clásico texto sobre la infancia temprana: Fraiberg, S. H. (2008). *The magic years*. Scribner, Nueva York, Estados Unidos, pp. 12-13.

un efecto anestésico. No suceden aquí ni a gente que yo conozca.

El aprendizaje real tiene lugar cuando lo que sucede nos «toca la patata». Las situaciones y los protagonistas deben estar cerca de nuestra vivencia real, sea física o emocional. Debe movernos un poco la silla sobre la que estamos sentados. Es muy común encontrar referencias a la «zona de confort» en manuales de pedagogía y crianza. Según el nivel de riesgo al que nos enfrentamos, podemos distinguir diferentes zonas de aprendizaje y la eficacia de este (figura 11). En la imagen, basada en la ley de Yerkes-Dodson[102] que relaciona el rendimiento con el estrés, vemos cómo hay diferentes estadios o zonas de riesgo que propician o no el aprendizaje, según el interés y la capacidad que tengamos en afrontarlos. Estas zonas se solapan con las del *continuum* del riesgo (figura 4 y tabla 6).

Todo aprendizaje supone un desafío que requiere una dosis justa de incertidumbre y reto. Si una actividad, por nueva que sea, no nos pone a prueba, difícilmente aprenderemos algo con ella y pasará desapercibida. Estaremos cómodos, pero aburridos. Nos situamos en la «zona de confort», esa butaca imaginaria en la que nos acomodamos emocional o intelectualmente cuando no nos apetece hacer nada, pues la tarea es tan sencilla que no requiere estar aten-

---

102. La ley de Yerkes-Dodson describe cómo el rendimiento aumenta con la excitación fisiológica o mental, pero solo hasta un punto, a partir del cual los niveles de excitación se vuelven demasiado altos y el rendimiento entonces disminuye. Fue enunciada por los psicólogos Robert M. Yerkes y John Dillingham Dodson en 1908.

to o motivado, casi sale sola. No hay riesgo, no hay desafío, no hay interés. Esa zona se percibe como segura, pero es tan estimulante como una tarde de domingo en el sofá. Aunque hay quien aboga por el aburrimiento como precursor de la creatividad, eso solo funciona en pequeñas dosis.[103] Aquí me refiero a un tedio vital que paraliza y agota; es la desesperación y la frustración de no avanzar, que poco a poco nos contamina, nos aturde y nos convierte en peleles sin rumbo.

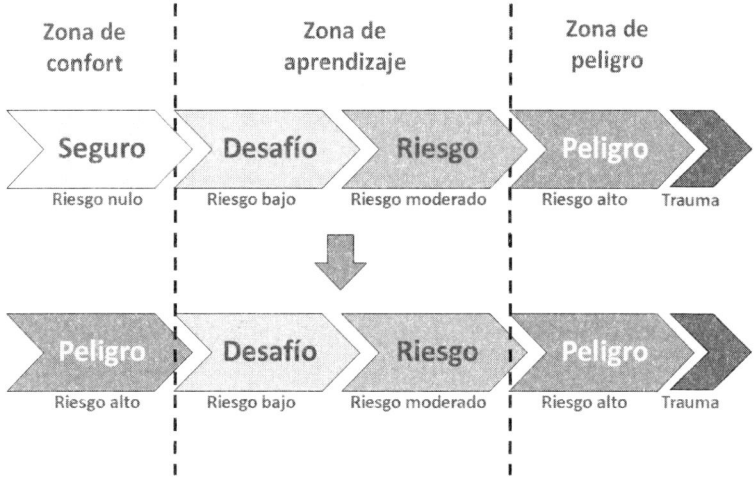

Figura 11. Zonificación del aprendizaje según el grado de exposición al riesgo

En cuanto hay algo de desafío, se activan el cuerpo y la mente, y nos ponemos manos a la obra. La primera vez que un niño se corta solo el filete o se sirve solo el agua serían ejem-

---

103. Para eso, recomiendo la lectura de Mann, S. (2017). *El arte de saber aburrirse*. Plataforma Editorial, Barcelona.

plos de andar por casa. Depende de cómo acompañemos ese momento; habrá más o menos riesgo y más o menos aprendizaje, aunque esta relación no es lineal. Si queremos garantizar que no pase nada (que no se corte, que no derrame el agua), seguiremos resolviéndoselo nosotros, pero no aprenderá más que a depender de otros para solucionar sus problemas y caerá paulatinamente en un invisible letargo físico y cognitivo. En cierto modo, esta zona es también de alto riesgo, como se ve en la parte inferior de la figura, por lo que supone de incapacitación de la persona a largo plazo.

En el otro extremo del espectro, si damos a un niño el cuchillo sin más, o le dejamos la botella llena de agua hasta los bordes, y acto seguido vamos a lo nuestro, es fácil que se corte o no logre trocear el filete, por un lado, y que el agua acabe sobre la mesa, por otro. Ahí estaríamos en la zona de riesgo alto, en la que no tenemos aún las destrezas —el conocimiento— necesarias para eliminar o controlar el riesgo por nosotros mismos. Si no hemos construido el armazón físico, mental y emocional que requieren esas acciones, lo más probable es que no nos salgan bien. ¿Cómo agarrar el cuchillo? ¿Cómo sujetar el filete? ¿Con qué ángulo cortar? ¿Movemos el cuchillo en vaivén, lo arrastramos o golpeamos con él? Debemos enseñar el gesto (el agarre, la fuerza, el ángulo, el movimiento), acompañar para dar confianza (nada de suspiros de impaciencia o chasquidos de desesperación con la lengua, que invalidan el efecto de cualquier palabra de aliento que les digamos). El famoso dicho de «la paciencia es la madre de la ciencia» no podría tener mejor parangón aquí. Nadie nace sabiendo y todo requiere entrenamiento, por lo que no podemos pretender que les salga bien a la primera, ni siquiera cuando los ayudamos. Cuando no damos herramientas ni indicaciones de ninguna clase, podemos no ser conscientes del peligro (= riesgo sin conocimiento) y causarnos a nosotros o a otros un daño sin preverlo, como un corte o una mancha en la alfombra. A veces sí intuimos el peligro y, al no saber cómo actuar, nos puede llegar a paralizar el miedo. Un ejemplo que se puede ver fácilmente en la calle es la figura del cuidador (suele ser un hombre, en este caso) que aúpa a un bebé al tobogán para que se deslice, pensando en lo que le va a gustar esa sensación. Pero si ese niño no está preparado para ello y se ve de repente subido a una altura ignota para él, lo más probable es que se asuste. Y si además el adulto le empuja tobogán abajo, para qué queremos más. Luego llegará a casa todo frustrado porque el peque no sabe divertirse. Lo que le ha pasado a ese bebé es que ha entrado en la zona de pánico, que es como también se conoce a esa zona de peligro en la que estamos cuando el riesgo no ha sido correctamente gestionado.

Habría una zona más, la de trauma, que no se muestra en la imagen porque su consecuencia es evidente. Es donde se materializa el peligro en forma de daño o accidente, con consecuencias a veces duraderas. Aunque el daño en sí no sea grave, sí perdura la sensación que deja, al ser la primera vez que lo experimentamos en el contexto de un riesgo determinado. De cara al aprendizaje, la zona de trauma puede frenarlo de golpe, al causarnos una reacción de temor y rechazo por la experiencia vivida.

Cuando el riesgo es pequeño o moderado, según el grado de desafío que suponga, estamos en la zona de aprendizaje próximo de la que habla el pedagogo Lev Vygotsky,[104] que es el que exploran los niños de forma autónoma, sin necesidad de acompañamiento o instrucciones. De forma espontánea, indagan, prueban ideas y experimentan acciones que van un poco más allá de lo que ya han cristalizado. Es ese «un poco más rápido, un poco más lejos, un poco más arriba». Cuando prueban algo completamente nuevo, como sucede en entornos y situaciones más formales, sobre todo en la escuela, es necesario el acompañamiento o la instrucción. Es la primera vez que cocinamos, que esquiamos, que montamos una tienda de campaña. Se puede ser razonablemente autodidacta en casi todo, pero para algunas cosas, sobre todo las que suponen un riesgo mayor (de quemarse, de caerse, de enredarse), no está de más una ayuda. Ahí se podría hablar de un riesgo moderado, en la zona de aprendizaje distal. Está, al menos inicialmente, bajo el control de otros.

En familia, pero, sobre todo, en la escuela, tenemos grupos de edad homogéneos que adquieren los aprendizajes más o menos a la vez. Esto resulta muy útil para transferir los procesos de adquisición de destrezas al grupo, entre ellos. Es lo que se conoce como aprendizaje por pares, lo que en

104. Vygostsky, L. (2012). *Op cit.*

inglés llaman «*peer-to-peer*» o P2P. Funciona muy bien porque los compañeros que ya poseen una cierta destreza la han adquirido recientemente y aún recuerdan todas las dificultades que han tenido, todas las trampas y retos que han superado, cosa que incorporan a la transmisión de ese saber hacer.

Cualquiera que haya preparado un protocolo para un experimento de laboratorio, ya sea en la escuela o en la universidad, sabe lo importante que es esto para que no haya percances o incluso accidentes. Las anécdotas que compartimos los profesores de laboratorio en mi universidad ¡darían para otro libro! Escribir instrucciones precisas, tener protocolos exhaustivos, ayuda a mitigar riesgos y adaptarse a ellos con facilidad. También hay que tener cuidado de no proporcionar demasiada información, que puede llegar a abrumar y confundir. Sí, es mucho trabajo, pero ¿quién querría hacer paracaidismo sin protocolos precisos? Se trata de valorar el riesgo-beneficio de cada actividad y hacer inclinar la balanza del lado del beneficio gracias a esos protocolos. No todas las actividades los necesitan, claro está. No parece necesario redactar un protocolo para tirarse por un tobogán, pero tal vez sí para colgarse de una rama. Habrá que ver esa balanza y determinar, en cada caso, lo que puede vencerla a nuestro favor.

Así, para enseñar cualquier destreza algo compleja, como encender una hoguera, me gusta el método que se emplea en las escuelas en la naturaleza escandinavas, que yo torpemente he bautizado como «yo te enseño – hacemos juntos

– tú me muestras», siendo una enseñanza-aprendizaje de uno a uno, entre mentor y discípulo. Es muy sencillo y se puede aplicar casi a toda situación de aprendizaje con cualquier actividad y persona, de la edad que sea. Se trata primero de demostrar cómo se ejecuta la acción, de forma que ambos—mentor y discípulo— presten toda la atención necesaria. El primero muestra cómo lo hace y explica al segundo con qué debe poner más cuidado, cuáles son las posibles dificultades y cómo resolverlas: «Sujeta así la cerilla, ojo con el viento...». A continuación, lo hacen juntos, si es posible, con el mentor guiando las manos de su discípulo, para que adquiera la posición, el gesto, la fuerza necesaria. Se repite el movimiento y las instrucciones las veces que se requiera, con calma y con atención a los detalles más difíciles, para que se sienta cómodo y seguro. Por último, se deja que lo haga solo y lo observa y corrige con amabilidad si es necesario. Una vez verificada su destreza, ya está listo para hacerlo por su cuenta.

Una variante de este método es la de «cortar por lo sano» en aquellos aprendizajes cuyo error no es tolerable, donde la situación es muy blanco y negro. Por ejemplo, cuando un bebé prueba a meter los dedos en un enchufe o está a punto de caer a una piscina. Para esto me gusta apelar a mis siglas favoritas, de gran utilidad para cualquier aprendizaje en esta vida: SCTV. Se trata del «sentido común de toda la vida». Es lo que nos hace sentir vivos, atentos, interesados, estimulados y seguros; lo que permite gestionar los riesgos con esa dosis de *lagom* sueco o *seny* catalán, con lo justo y necesario de implicación. Es lo que nos mantiene en esa zona de riesgo leve o moderado que facilita los aprendizajes, sin que nos vaya la vida en ello.

El aprendizaje es, por tanto, óptimo cuando hay una dosis sana de riesgo, cuando sentimos que lo podemos controlar, aunque experimentemos un poco de mariposas en el estómago. Sabemos que hay una red de seguridad que va a minimizar el daño, si lo hubiera. Una red en forma de maestro atento, de instrucciones precisas o de acompañamiento paciente. El daño, el peligro, está entonces en los extremos de esta zonificación, allí donde no hay nada que aprender porque ya lo sabemos o porque nos la jugamos, donde el riesgo peca de exceso o defecto. La zona de aprendizaje, próximo o más distal, será en el centro de ese espectro.

La responsabilidad de la escuela en la «riesgoalfabetización» de los niños

Visitar una escuela infantil convencional es una experiencia parecida a acceder a una instalación militar de alto secreto. Los espacios, puertas, ventanas y mobiliario están medidos al milímetro; los materiales son sólidos, resistentes e ignífugos. Hay protecciones en quicios, cajones y armarios para impedir que los niños se pillen los dedos. Los enchufes están tapados, los objetos pequeños, colocados a una altura fuera del alcance de los niños, y los muebles, anclados a la pared. Para usar tijeras o instrumentos similares para manualidades, es necesario preparar un plan que ni el del desembarco de Normandía. Por exagerado que esto nos pueda parecer, no es casualidad ni se hace por gusto de la dirección de la escuela, que bastante tiene entre manos. Aunque no hay una legislación que exija este nivel de precisión, sí hay una norma de calidad que lo detalla: UNE 172402 de Sistemas de Gestión de Calidad de Escuelas Infantiles de Primer Ciclo. Hay además mucha presión social por parte de familias y profesionales para adherirse a este tipo de certificaciones y sentir que así se garantiza la seguridad de los niños. La cultura de la litigación hace que cualquier medida sea poca, e incluso se instalan cámaras conectadas a internet, para que las familias ejerzan de vigilantes jurados desde casa o la oficina. Sacrificamos así la intimidad en aras de la seguridad.

Hay otro camino, quizá más largo y menos vistoso, que es compaginar unos mínimos de seguridad con unos máximos de confianza. Las pedagogías alternativas suelen ofrecer claves para una aproximación más orgánica a la seguridad, y entre ellas está enseñar a los niños a gestionar los riesgos desde muy pequeños, mediante un acompañamiento cercano, atento, paciente y firme, que se va adaptando a cada etapa, como ya hemos apuntado más arriba.[105] Se suelen confundir estos estilos pedagógicos con el libertinaje, la autorregulación y el descontrol. Nada más lejos de la

---

105. Pueden verse consejos adaptados a diferentes edades en: Lindon, J. (2011). *Too safe for their own good?: Helping children learn about risk and life skills.* Jessica Kingsley Publishers, Londres.

realidad. El acompañamiento en una escuela activa es bastante más complejo e intenso, precisamente porque dejan una gran dosis de libertad y de adaptación a las necesidades e intereses de cada niño, sin detrimento de su seguridad y la de los demás. Por eso las ratios son bajas y los costes de personal, en consecuencia, altos. El trabajo es exigente: requiere atención plena y constante, a la distancia justa para dar autonomía, pero garantizando su integridad física y emocional. La clave está en ajustar esa distancia a las necesidades de cada momento, que dependen a su vez de una miríada de factores intrínsecos y extrínsecos que ya he detallado más arriba. Dar confianza a los niños cuando se enfrentan a un riesgo es enseñarles a pescar en vez de darles el pescado, que es lo que las normas y certificados pretenden hacer. La combinación de confianza y experiencias en el día a día se traduce en la adquisición de competencias tangibles, prácticas, reales. A medida que vayan aprendiendo a pescar, lo harán cada vez mejor y ese acompañamiento, tan intenso en el inicio, será cada vez más placentero y satisfactorio. Ese rol tradicional de vigilancia o de policía de patio, en las pedagogías activas, se convierte en uno de facilitación, de apoyo, de sostén para el desarrollo físico y emocional de los niños.

A los niños se les puede enseñar a hacer su propia valoración de riesgos, preguntándoles lo que quieren hacer y haciéndoles reflexionar sobre lo que necesitan para ello. Hablar en voz alta de sus planes hace que adquieran conciencia de sus actos y comprendan las implicaciones que pueden tener para ellos mismos y para su entorno. Si hay que restringir la actividad por alguna razón, ya sea de seguridad o cualquier otra, es labor del docente explicar el porqué. No hace falta dar una ponencia sobre el asunto; basta con usar las palabras justas y adecuadas para que se entienda, según a quién nos estemos dirigiendo. Y por supuesto tratar a los niños con el mismo respeto con el que se lo explicaríamos a otro adulto, sin imponer la autoridad («¡porque lo digo yo!») ni evadir responsabilidades («¡porque es así!»). Reflexionar en voz alta sobre los riesgos no solo es un sano ejercicio de entrenamiento en la adquisición de esa imprescindible competencia, sino que permite evaluar genuinamente ese riesgo. Se adquiere así el hábito de la transparencia y la honestidad en las relaciones sociales, sobre la base de la confianza y el respeto. Una simple prohibición no solo daría al traste con la oportunidad de enfrentarse al riesgo, sino con toda esta forma de comunicación, cada vez más necesaria en este mundo incierto, donde lo que más falta, precisamente, es la confianza y la transparencia.

Por todo lo anterior, los juegos de riesgo de Sandseter son un buen ejemplo del tipo de actividad que debería no solo tolerarse, sino fomentarse en el ámbito escolar. Para ello, los patios escolares y parques infantiles son equipamientos esenciales que pueden marcar la diferencia entre una infancia llena de aventuras y otra aburrida e incluso miserable, rodeada de hormigón y restringida por normas irracionales. Antes hemos hablado de la importancia de mover a los niños fuera de su zona de confort, de hacerles adquirir competencias a través de la confianza y la experiencia. Pero, en la escuela, también debe salir el personal docente de su zona de confort. Es importante entender que la riesgoalfabetización es un proceso y no una meta, en el que todos, docentes, alumnado e incluso el resto del personal de la escuela, participan. Lo principal es (in)formarse, planear, coordinarse y probar. No todo el mundo hará ese camino a la par; habrá voces en contra. Habrá experiencias fallidas. Pero si vamos probando poco a poco y prestando atención a los resultados, es difícil que haya una vuelta atrás.

Los patios escolares como laboratorios de riesgo

Si dentro de los edificios escolares las medidas de protección son exhaustivas, más aún lo son en los patios escolares. Los columpios son de plástico, bajitos, suaves y asépticos. De colores vivos, eso sí. El suelo está igualmente acolchado con caucho. Sin embargo, con todo lo bien pensados que parecen estar, muchos de estos patios presentan carencias fundamentales para la salud y el bienestar de los niños. La primera es la sombra. Los toldos se deterioran con las inclemencias del tiempo, o hay que andar poniéndolos y quitándolos, un engorro. Con la lluvia no hay problema, porque es tan fácil como dejar a los niños dentro, en el aula... Plantar árboles para sombra sería un problema, porque podrían producir alergias; limpiar las hojas del suelo en otoño es otro engorro y cabe la posibilidad de que a algún niño se le ocurra trepar a uno. No hay, por esa misma razón, elementos de aventura, intriga, riesgo. Al único sitio al que pueden trepar es al tobogán, que con su metro y medio de altura solo ofrece aliciente a un bebé. Tampoco hay variedad de espacios para diferentes tipos de juego. El patio típico es un rectángulo liso y homogéneo con unos columpios en el centro. Si los niños quieren explorar, dibujar, leer, manipular elementos naturales, no hay dónde ni con qué hacerlo, pues no se les ofrecen piezas sueltas (ni siquiera artificiales), libros o material de plástico. La presencia de agua, ese elemento de juego y placer tan versátil, se desestima por ser incómoda y porque ensucia. Ni hablemos de herramientas, claro. Tampoco hay espacio para la intimidad, que permita el juego en solitario o en pareja. La misma actitud del personal que acompaña a los niños en el patio es de vigilancia y no de facilitación. No todos los patios son así de soviéticos, pero muchas de estas características son fácilmente reconocibles. Vistos así, ¿qué juego de riesgo van a poder hacer los niños?

En las escuelas de primaria no son mucho mejores. Si acaso, más grandes. Ahí domina, cómo no, el balón, rey y señor del patio, con sus vasallos los jugadores que lo patean con fuerza. Más vale no estar a su alcance, por lo que cualquiera que desee dedicarse a otra cosa, en su mayoría chicas, debe refugiarse en la periferia. Los intentos que se han hecho de introducir juegos tradicionales con monitores que dan las explicaciones pertinentes, vigilan que se respeten los turnos y persiguen un orden poco natural, han creado una sensación de clase extraescolar de la que los niños preferían no saber nada.

En los últimos años ha habido un interés en humanizar los patios. Hay muchas maneras de llamarlos: patios habitables, verdes, silvestres, naturalizados..., pero yo prefiero decir simplemente «humanos», porque con la eliminación de materiales hostiles como el hormigón, el caucho o el acero, la limitación del uso del plástico y la introducción de elementos naturales, lo primero y principal que se consigue es que estos espacios se «humanizan». La presencia de vegetación ya hace mucho más vivible y atractivo el lugar: da sombra, refresca el ambiente y atrae a otras formas de vida. Un primer paso son los huertos escolares, aunque algo rígidos en su diseño y con frecuencia confinados a los lugares más apartados del recinto escolar, por lo general inaccesibles fuera de las actividades lectivas que en él tienen lugar. Más interesantes son los jardines de vida silvestre o los bosques comestibles, donde la naturaleza tiene más protagonismo.[106] Si a esto le añadimos agua en forma de fuentes o estanques, el lugar gana muchos puntos.

106. Hay numerosas guías para rediseñar los patios: Basurama (2021). *Patios silvestres. Recomendaciones para el diseño de espacios exteriores en las escuelas infantiles.* Ayuntamiento de Madrid, Madrid; García, A. B., y Benítez, L. (2021). «Guía para la elaboración de planes de adaptación al cambio climático en escuelas». SEO BirdLife, Madrid. Para una información más técnica se puede consultar: https://patisnaturals.cat/. Otros recursos que recopilan experiencias son: Abelleira, A. (2017). «Patios verdes y escuelas abiertas a la naturaleza». *Revista Latinoamericana de Educación Infantil* 6(1-2): 161-166; Freire, H. (coord.) (2020). *Patios vivos para renaturalizar la escuela.* Octaedro Editorial,

¿Y en la escuela?

Hay por suerte muchas experiencias de patios naturalizados con criterios pedagógicos y han incorporado elementos adicionales que facilitan la diversidad de juegos, la intriga, la aventura, la exploración y el juego de riesgo.[107] Si de por sí la vegetación permite esconderse y trepar, también se han añadido estructuras para escalar, espacio para correr y elementos de juego diversos e indeterminados, lo que se conoce como piezas sueltas.[108] Se trata de objetos de tamaño pequeño o mediano y de materiales variopintos que no tienen un propósito concreto, pero sirven para enriquecer el juego libre. Se puede pensar en tapones, cuerdas, botones, corchos, papeles pequeños, etc. La naturaleza es rica en este tipo de elementos, como palos, piñas, piedras, hojas, semillas, conchas. Hay quien teme que los niños se puedan herir o atragantar con ellos, pues no están «homologados», pero lo cierto es que incrementan las posibilidades del juego

Barcelona; la Fundación Patios Vivos en Chile (https://patiovivo.cl/) o la página de El Nou Safareig (https://elnousafareig.org/).

107. Amén de los ejemplos ya citados, tres obras que profundizan en estos aspectos son: Ballesteros, B. (coord.) (2024). *El patio es mi escuela*. Editorial UNED, Madrid; Ritscher, P. (2006). *El jardín de los secretos. Organizar y vivir los espacios exteriores de las escuelas*. Octaedro Ediciones, Barcelona; Trueba, B. (2021). *Espacios en armonía. Propuestas de actuación en ambientes para la infancia*. Octaedro Ediciones, Barcelona.

108. Para saber más sobre el juego con piezas sueltas, recomiendo: Vela, P. y Herrán, M. (2019). *Piezas sueltas. El juego infinito de crear*. Ediciones La Litera, Foios. O la serie de cuatro libros *Loose parts*, de Miriam Beloglovsky, Lisa Daly y Jenna Daly, editados por Redleaf Press, St Paul, Estados Unidos.

y obligan a los niños a asumir un riesgo nuevo: imaginar. Y con lo que ellos imaginen, deben aprender a cooperar, describir, negociar, persuadir o aceptar que otros imaginen otra cosa.

Allende los muros o vallas de la escuela, hay muchos lugares cercanos y relativamente seguros en los que poder practicar el juego de riesgo al aire libre, como parques y jardines que queden cerca de la escuela. En el norte de Europa han proliferado los bosques de juego y los parques de aventura, con elementos naturales y estructuras que ofrecen un poco más de adrenalina que un minitobogán de plástico. Se pueden encontrar en todas partes. Suelen tener tirolinas, puente del mono, barras de equilibrio y rocódromo, entre otros elementos de juego más clásicos. Todo de madera y cáñamo, perfectamente integrado en el paisaje. Están diseñados para que casi todo el mundo los pueda usar, exceptuando quizá los niños más pequeños. Allí cabe todo el catálogo de Sandseter: trepar, correr, deslizarse, esconderse, «pelear» y jugar con elementos peligrosos.

Un paso más allá es salir al medio natural con los niños. Este ya es un entorno que no hemos creado ni manipulado al extremo que hemos podido hacer con un parque, un jardín o un patio escolar. En la naturaleza se practica el juego libre con mayúsculas; en ella convergen la libertad del niño con la de la propia naturaleza. No puede haber lugar más inspirador para el juego de riesgo que un bosque, una montaña o una playa y no hay mejor marco para los juegos de Sandseter. Salir al medio natural plantea por supuesto desafíos logísticos, que conviene identificar, planificar y resolver. Es especialmente importante, en este contexto, hacer una evaluación de riesgos, como veremos. Son ya decenas los autores que invitan a salir con los niños, proporcionando ideas prácticas para diversas edades para permanecer y conectar con la naturaleza.[109] Si los patios humanizados, los bosques de juego y los parques de aventura fomentan el juego de riesgo, la naturaleza sin preparar es aún más poderosa, pues exige que el diseño de la acción parta y se desarrolle enteramente desde la creatividad del propio niño. Ahí intervienen la imaginación y la cooperación, otras destrezas no exentas de riesgo.

Identificación de riesgos al aire libre

Si queremos salir al medio natural de forma asidua o es nuestro lugar habitual de permanencia, en el caso de una

---

109. Está, cómo no, el clásico libro de Richard Louv: Louv, R. (2020). *Los últimos niños en el bosque: Salvemos a nuestros hijos del Trastorno por Déficit de Naturaleza.* Errata Naturae, Madrid, y otros similares del mismo autor. Otros dos trabajos inspiradores por las reflexiones que los acompañan son: Hanscom, A. (2016). *Balanced and Barefoot: How unrestricted outdoor play makes for strong, confident, and capable children.* New Harbinger Publications, Oakland, Estados Unidos (hay versión en catalán), y Sampson, S. (2016). *How to raise a wild child: The art and science of falling in love with nature.* First Mariner Books, Nueva York. Para más referencias se pueden consultar mis libros *Jugar al aire libre* y *Educar en la naturaleza*, de esta misma casa.

escuela en la naturaleza, debemos hacer una evaluación de riesgos. Cuanto más detallada sea, mejor aprovecharemos a nuestro favor los aprendizajes que los acompañan. De poco nos sirve escondernos corriendo en el interior de la escuela cuando cae una gota de lluvia. Tampoco ayuda prohibir a los niños trepar a un árbol o incluso impedirles correr, por si fueran a tropezar. Esas manidas frases que tanto hemos oído no solo no ayudan, sino que frenan el desarrollo de la autonomía de los niños, reducen su autoestima e interrumpen el flujo natural del juego: «¡Te vas a caer!», «¡Eso es caca!», «¡No corras, que es peor!». Hay muchas alternativas para avisar de un peligro o enseñarles a autogestionar los riesgos.

Como vimos en el capítulo anterior, una evaluación de riesgos[110] pasa en primer lugar por identificarlos: determinar su nivel de probabilidad e impacto; si son intrínsecos (tenemos control sobre ellos) o extrínsecos (no tenemos control, pero sí podemos adaptar la actividad en torno a ellos), y saber si son estables o variables. La figura 12 muestra estos dos últimos bloques por subcategorías de riesgos que pueden darse en el caso de una escuela que frecuenta el entorno natural.

---

110. Para más detalles sobre evaluación de riesgos en el juego libre en la naturaleza, véanse: Knight, S. (2011). *Risk and adventure in early years outdoor play. Learning from forest schools.* SAGE, Londres, o Solly, K. (2015). *Risk, challenge and adventure in the early years. A practical guide to exploring and extending learning outdoors.* Routledge, Londres.

Tipos de riesgos

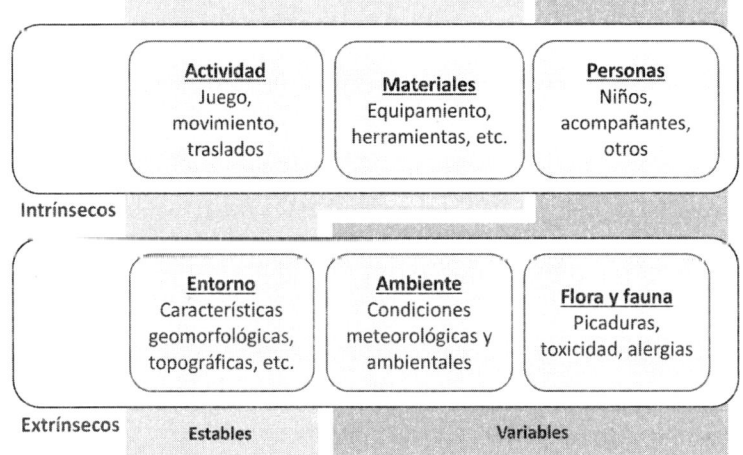

Intrínsecos		
Actividad Juego, movimiento, traslados	**Materiales** Equipamiento, herramientas, etc.	**Personas** Niños, acompañantes, otros

Extrínsecos		
Entorno Características geomorfológicas, topográficas, etc.	**Ambiente** Condiciones meteorológicas y ambientales	**Flora y fauna** Picaduras, toxicidad, alergias
	Estables	Variables

Figura 12. Tipos de riesgos que pueden darse en una salida escolar a la naturaleza

Entre los riesgos intrínsecos están la propia actividad que vamos a realizar, los materiales que vamos a usar y las personas que participamos de ella. La actividad consiste, por lo general, en jugar. Los seis juegos de riesgo de Sandseter están más que estudiados,[111] pero podemos pensar en otras actividades lúdicas o incluso curriculares que vayamos a de-

111. Sandseter (2007). *Op. cit.* Véanse también: Lavrysen, A., Bertrands, E., Leyssen, L., Smets, L., Vanderspikken, A., y De Graef, P. (2017). «Risky-play at school. Facilitating risk perception and competence in young children». *European Early Childhood Education Research Journal*, *25*(1), 89-105, o Sandseter, E. B. H. (2009). «Characteristics of risky play». *Journal of Adventure Education & Outdoor Learning*, *9*(1), 3-21.

sarrollar al aire libre. Además de la actividad central, hay otras que la apoyan y no están exentas de riesgo, por lo que este debe ser caracterizado. Piénsese en los traslados, sobre todo si implican compartir el camino con vehículos a motor, o subir o bajar de uno. Las transiciones entre una actividad y otra pueden tener también su riesgo, porque se suele dar una dispersión de la atención, tanto de los niños como de sus acompañantes. El mayor riesgo en esta situación es la dilución de la responsabilidad: debe quedar claro quién se ocupa de atender a lo que sucede, sobre todo en los momentos de llegada al lugar, cambio de actividad, uso del baño, comida y regreso al punto de origen.

Los materiales que se vayan a usar deben estar limpios y en buen estado. Esto es especialmente importante en el caso de herramientas como cuchillos, serruchos o hachas, cuyo mantenimiento es clave para que funcionen como se espera de ellas. Cualquier otro material debe ser evaluado, incluidos los elementos naturales que estén en el entorno. No se trata de prohibir su uso, o de catalogar cada palo, sino de saber en general qué hay en el lugar, qué se puede usar o no, y en qué condiciones. El equipo que llevan puesto tanto niños como adultos debe ser acorde con la época del año y las condiciones del momento. Igual que con las herramientas, debe estar en perfecto estado de revista. A nadie le gusta descubrir que sus botas de agua tienen la suela agujereada cuando mete los pies en un charco. Cuestiones prácticas como usar braga de cuello en vez de bufanda evitará, por ejemplo, que haya enganchones al trepar a un árbol.

En la evaluación de riesgos hay que mirar a las personas con atención. No solo importan el tamaño del grupo o las ratios, sino su composición. ¿Hay diversidad de edades y, por tanto, de niveles de madurez? ¿Hay personas con necesidades adicionales de apoyo y, si es así, cuáles son? ¿Se conocen los participantes entre sí? La experiencia, tanto individual como grupal, y la confianza que tengan los menores en sus acompañantes son factores clave para poder asumir más o menos riesgo. Pero también está, por un lado, el estado físico: el cansancio, el hambre, la sensación de frío o calor. Por otro, el anímico. Las relaciones entre los niños pueden generar dinámicas de cooperación o de conflicto, según el caso. La experiencia de los acompañantes con la actividad y con el grupo, así como la actitud individual de cada uno hacia el juego de riesgo, determinarán la toma de decisiones en el acompañamiento de este. Ver a un niño trepar alto entre las ramas de un árbol puede ser una experiencia satisfactoria o aterradora, según lo viva cada cual. Ahí cabe ser honesto y marcar un límite que tiene más que ver con nuestra tolerancia al riesgo que con la capacidad del niño en afrontarlo. Elegir bien a los acompañantes es, por tanto, clave para que un proyecto de educación en la naturaleza obtenga mejores resultados. Además de las competencias propias de un docente, una persona que acompañe el juego de riesgo debe tener un interés en observar y gestionar este desde la calma y no la ansiedad. Ha de sentir pasión genuina por la infancia, el juego y la naturaleza, y tener ganas y capacidad para permanecer al aire libre, incluso en condiciones adversas. Debe mostrar una actitud positiva, abierta y saber afrontar los desafíos con buen ánimo, paciencia, aguante y sentido del humor.[112] Entre los riesgos extrínsecos, es decir, aquellos que no podemos manejar, pero sí adaptarnos a ellos, hay tres grandes categorías. En primer lugar, está el entorno, esto es, el medio físico en el que nos vamos a mover: el bosque, la montaña, la pradera, la playa... Evidentemente, cada tipo de espacio y cada lugar por sí mismo tiene unas características únicas que debemos conocer a fondo. De poco sirve visitar un sitio por primera vez, ya con el grupo, y pretender sacarle provecho. Cuanto más familiarizados estemos con él, más posibilidades nos ofrecerá de juego y exploración y menos límites habrá que poner.

Por otro lado, el ambiente es lo que sucede en el medio físico en el que nos encontramos. Tiene sobre todo que ver con las condiciones meteorológicas, que debemos haber consultado antes de visitar la zona. Ir mal preparado para el tiempo que va a hacer es garantía de tener una experiencia desdichada y contagiársela a los demás. En esta categoría entran también otros aspectos del medio como el ruido, el olor, la contaminación o la presencia de actividades ajenas

112. Para más detalles sobre las competencias necesarias para acompañar el juego libre en el medio natural, véase Solly (2015). *Op. cit.* Incluyo también esta referencia en alemán, que considero la Biblia para la creación y organización de una escuela en la naturaleza: Miklitz, I. (2007). *Der Waldkindergarten. Dimensionen eines pädagogischen Ansatzes.* Cornelsen Scriptor, Berlín.

a la nuestra, pero que la pueden afectar. Si vamos al bosque y nos encontramos con trabajos forestales en curso, lo mejor es marcharse de allí. Otros ejemplos de actividades incompatibles con el juego libre en la naturaleza son el traslado de ganado, las pruebas deportivas o la caza. En la medida de lo posible, es deseable informarse de la previsión de situaciones de este tipo y evitarlas, bien buscando otro lugar u otra fecha.

Por último, y no menos importante, debemos tener en cuenta a los demás seres vivos cuyo hábitat visitamos. Es necesario conocer las plantas, hongos y animales que nos pueden causar daño por su comportamiento o toxicidad.[113] También aquellos que nos pueden producir alergias, pinchar o cortar. No deseo a nadie la experiencia de caer en unas zarzas o, peor aún, en una mata de tojo o aulaga, un arbusto típico del Cantábrico con espinas de hasta cuatro centímetros de longitud. Tampoco invito a meter la mano o un palo en nidos de insectos, menos aún si son de los que pican. Debemos tener mucho ojo con las garrapatas, si frecuentamos prados.[114] Para todo ello es muy útil valerse de

---

113. A tal efecto, recomiendo esta guía: VV. AA. (2015). *Qué no pisar, no comer y no tocar en la naturaleza*. Editorial Guadarramistas, Madrid.
114. Poca broma, pueden transmitir decenas de enfermedades. Para saber cómo actuar ante una picadura de este antipático artrópodo, consúltese: VV. AA. (2016). *Guía de actuación ante picadura de garrapata*. Ministerio de Sanidad, Madrid. Puede ser útil tener este otro documento a mano, por si nuestro pediatra de cabecera no está tan familiarizado con el bicho: Martín, S. G., Caballero, I. C., y Revuelta, J. A.

guías de campo, de las de toda la vida, que, además de ofrecer información contrastada por expertos sobre la localización, toxicidad y comportamiento de todo tipo de bichos y plantas, son un recurso muy atractivo para consultar con niños. Además de los salvajes, cabe la posibilidad de cruzarnos con otros animales sueltos como ganado o perros. Sobre ello deberemos establecer igualmente unas normas de actuación.

Como se puede observar en la figura 12, algunos de estos riesgos son estables y otros, variables. Los primeros son aquellos que no cambian apenas con el tiempo. La actividad, por ejemplo, que podría parecer muy dinámica, es en realidad estable porque poco cambia en su esencia. Cada trepa, cada carrera o cada pelea de cachorros será diferente, pero el acto de trepar, correr o luchar no varía en general. Los materiales, tanto los que llevamos nosotros como los que podemos encontrar en el lugar, serán parecidos en las diferentes visitas. Lo mismo sucede con el entorno, cuyas características morfológicas son inmutables, salvo cataclismo geológico. Lo que sí puede cambiar y se considera por esa razón un riesgo variable son las condiciones meteorológicas, que requieren de una monitorización constante para no llevarnos sorpresas. Lo mismo sucede con los demás aspectos ambientales, como el ruido, polvo, olores y presencia de contaminantes, que también requieren vigilancia. Debe-

O. (2023). *Enfermedades transmitidas por garrapatas.* Asociación Española de Pediatría, Madrid.

mos incluir el agua como elemento variable, pues según haya llovido más o menos, habrá charcos o crecidas en arroyos y ríos. Finalmente, las plantas y los animales que vivan en el lugar pueden o no estar según la época del año, las condiciones que haya en esa temporada (si ha llovido más o menos, afectará a las flores, insectos o semillas que podamos encontrar) o simplemente por la variabilidad natural que se dé en sus ciclos de vida.

Gestión de riesgos al aire libre para la escuela

Muy en general, se puede decir que los riesgos intrínsecos se resuelven con la preparación de las personas que acompañan al grupo y del grupo en sí, mientras que los extrínsecos requieren protocolos de actuación específicos. La preparación de las personas acompañantes incluye la información sobre el lugar y las condiciones ambientales que se van a dar en el momento de ir. Deben saber qué riesgos existen con respecto a la topografía (pendientes, barrancos, taludes, roquedas) y los seres vivos que lo habitan (flora, fauna) o lo pueden visitar (ganado, mascotas, otras personas). La información incluye la planificación o previsión de las actividades que se van a realizar y los materiales que se van a utilizar. Para algunas de estas cuestiones es necesario recibir formación específica, por ejemplo, sobre flora y fauna potencialmente peligrosas (hay muchos cursos de naturalismo que pueden ayudar) o entrenamiento en ciertas destrezas, como técnicas básicas de orientación, supervivencia o escalada.[115]

Esencial es también poseer formación en acompañamiento de grupos, mejor si es específica para las edades con las que se va a trabajar. Si las tareas de acompañamiento son habituales, convendrá formarse en el estilo pedagógico que tenga el centro. En cualquier caso, acompañar el juego libre se beneficiará mucho del aprendizaje de técnicas de escucha activa, observación participante o comunicación no violenta. La experiencia propia y con niños en la naturaleza es esencial. Igualmente, no estará de más recibir un curso de primeros auxilios pediátricos en el medio natural.

Todo este conjunto de destrezas, que es la suma de información, formación y entrenamiento, es lo que se conoce como la preparación estática. Es todo lo que hacemos antes de salir, incluyendo, en algunos casos, simulacros de las situaciones que esperamos encontrar y que ayudan a protocolizar las actuaciones futuras. Los protocolos son procedimientos que se redactan para saber cómo actuar cuando surge una eventualidad que no podemos controlar del todo,

115. Algunos libros dan pistas sobre qué riesgos vamos a encontrar en el medio natural cuando salgamos con niños: Hanscom (2016). *Op. cit.*; Solly (2015). *Op. cit.,* y, a una escala mayor, Baierlein, J. A. (2019). *Risk management for outdoor programs. A guide to safety in outdoor education, recreation and adventure.* Viristar LLC Seattle, Estados Unidos; Dickson, T. J., y Gray, T.L. (2012). *Risk management in the outdoors: A whole-of-organisation approach for education, sport and recreation.* Cambridge University Press, Cambridge, Reino Unido.

como la presencia de animales salvajes (pienso ahora en un jabalí, por ejemplo), nos pilla una tormenta en medio del monte, hay un incendio forestal cerca o un niño se pierde. En un protocolo de este tipo se debe describir la situación y determinar cómo actuar, cómo acompañar a las personas directamente implicadas y cómo hacerlo con el resto del grupo. Dependiendo de la situación, es necesario marcar un plazo para resolverla o, en caso de no conseguirse, dar el siguiente paso. Por ejemplo, avisar a los servicios de rescate si no encontramos al niño perdido en menos de cinco minutos. En todo protocolo se debe indicar quién es la persona responsable de ejecutarlo y, eventualmente, otra persona responsable de supervisar su ejecución.

Los protocolos son más habituales para situaciones de emergencia médica, como un accidente o una emergencia natural, como los ejemplos citados.[116] Los protocolos deben estar escritos y custodiados como parte de la documentación del centro. Deben ser conocidos por todo el personal acompañante y conviene que los niños sepan cómo actuar mediante instrucciones muy sencillas. Idealmente, se deberían hacer simulacros, igual que ocurre en las escuelas «con paredes y techo», para saber cómo obrar en caso de

---

116. Un manual muy adecuado para la elaboración de protocolos, por estar dirigido a la infancia, es: Sánchez, A. (2019). *Guía didáctica de seguridad en montaña para menores.* FEDME, Madrid. La página de la Federación Castellano y Leonesa de Montaña dispone de útiles infografías y vídeos para preparar salidas con menores: https://www.fclm.com/seguridadjovenes/

evacuación. También son habituales para actividades de riesgo —Sandseter de nuevo— como trepar, correr, luchar, estar solos... pero sobre todo para el juego con herramientas y la permanencia en lugares peligrosos, como el agua o junto al fuego.

Los protocolos también deben incluir cómo actuar cuando ha tenido lugar un incidente o un accidente. Qué pasos dar cuando ya tenemos el daño encima, qué roles hay y quiénes los desempeñan (llamar a los servicios de emergencia, organizar un traslado, avisar a las familias). Lo primero que tenemos que hacer es sobreponernos al susto y mantener la sangre fría para minimizar el daño. Una vez resuelto, vendrán las sensaciones de miedo, frustración, culpa o vergüenza, que son normales y deben procesarse a su debido tiempo. Tal vez tengamos que acompañar a los demás niños y a las familias en lo sucedido, incluso con ayuda externa. Pero todo ello no nos debe empujar a la prohibición del lugar o la actividad que provocó el accidente, sino que debemos afinar el análisis para mejorar la gestión del riesgo. La psicóloga británica Jennie Lindon[117] nos sugiere utilizar un sistema sencillo de resolución de problemas para esta situación. En primer lugar, se trata de hablar abiertamente de lo acontecido con los implicados, con escucha serena. A continuación, se puede proponer una tormenta de ideas para buscar soluciones y seleccionar algunas

---

117. Lindon. J. (2011). *Too safe for their own good. Helping children learn about risk and lifeskills.* NCB, Londres.

de las ideas más viables. Se puede probar con alguna de ellas, evaluar y decidir si es la más apropiada. En el fondo, lo que propone Lindon es aplicar el ciclo de Deming al análisis de situaciones que habrían podido causar daño o lo han hecho. Incorporar a los niños en este proceso será además un gran aprendizaje para ellos, pero también para los propios adultos implicados.

Una vez recopilado todo el conocimiento necesario, establecido en forma de formación o protocolos, estamos listos para salir con el grupo. Ahí es cuando debemos intervenir según se vayan dando las situaciones. La preparación estática es necesaria, porque sobre el terreno no vamos a tener tiempo de consultar ningún documento, ni siquiera a otro acompañante que está unos metros más allá. Hay que actuar en el aquí y el ahora. Esto es lo que se conoce como respuesta dinámica. En ella se da una secuencia casi instantánea de observación, decisión y acción: observamos lo que ocurre (observar con atención ayuda además a prevenir muchas situaciones de daño potencial), tomamos una decisión sobre cómo actuar (basada en lo que hemos entrenado, acompañado de sentido común e intuición) y actuamos en consecuencia. Si hemos hecho una buena preparación previa, la respuesta es casi automática.[118] La respuesta dinámica es el

---

118. Para entender lo compleja que es esa respuesta dinámica, invito a examinar el diagrama de flujo que ofrece Horseman, L. (2019). «How safe is forest school». En: Sackville-Ford, M., y Davenport, H. (eds.). *Critical issues in forest schools*. SAGE, Londres, p. 166. ¡Ese análisis tiene lugar casi al instante!

conocimiento puesto en la práctica, es la acción que evita que un riesgo se convierta en un peligro con potencial para causar daño. Esa capacidad de responder al instante es, en última instancia, lo que permite exprimir los riesgos al máximo para obtener un beneficio óptimo.

Beneficios del riesgo, una mirada pluridisciplinar

Ya hemos hablado de la importancia del juego de riesgo como parte de las «edades del riesgo». Ahora quisiera detenerme brevemente en los beneficios del riesgo en el marco más formal de la educación y la salud, por lo que esta mirada puede resonar tanto en educadores como en los padres, monitores de ocio y tiempo libre y en profesionales del bienestar y la salud. Al fin y al cabo, el apetito por el riesgo, sea mayor o menor, se tiene las 24 horas, no solo durante la jornada escolar. La pediatra Mariana Bruissoni da unas cifras escalofriantes, correspondientes al año 2008: 13 000 menores norteamericanos y 42 000 menores europeos con edades entre 0 y 19 años murieron ese año por accidente. Ella reclama, por tanto, una mejor estrategia de prevención, que pasa, entre otras cosas, por un buen manejo de los riesgos: se trata de que el juego sea «tan seguro como sea necesario» y no tanto «lo más seguro posible», lo que invitaría a la anulación del riesgo[119] y condu-

119. Brussoni, M., Olsen, L. L., Pike, I., y Sleet, D. A. (2012). «Risky play and children's safety: Balancing priorities for optimal child develop-

ciría a un «síndrome de déficit del riesgo». Apuesta por un equilibrio, ese *lagom* del que hablaba antes, en la exposición al riesgo, gestionado por tanto de forma «razonable». Un beneficio claro, por tanto, de la riesgoalfabetización en menores es, precisamente, la reducción de la accidentalidad. Una infancia conocedora del riesgo contribuye también a preservar uno de los derechos fundamentales de la infancia, que es el derecho al juego,[120] tan limitado por esa tríada de seguridad, higiene y confort a la que ya me he referido.

Otros beneficios del riesgo incluyen los relacionados con el desarrollo cognitivo, emocional y social. En general, la exposición gradual al riesgo aumenta nuestra resiliencia y autonomía. Ayuda a forjar la personalidad y el carácter, y contribuye a la resolución de problemas, el emprendimiento y la superación de desafíos.[121] Un árbol caído en el camino es un obstáculo físico y tangible que a un niño pequeño le puede suponer un verdadero reto sortear. Cuando sea mayor, sorteará árboles simbólicos en el trabajo, en las relaciones personales y en la vida en general. Por otro lado, están los beneficios para la salud física y mental

---

ment». *International Journal of Environmental Research and Public Health*, 9(9), 3134-3148.

120. Reconocido en el artículo 31 de la Convención sobre los Derechos del Niño de las Naciones Unidas, firmada el 20 de noviembre de 1989.

121. Gill, T. (2007). *No fear. Growing up in a risk averse society*. Calouste Gulbenkian Foundation, Londres.

e incluso ambiental y social. El ejemplo más evidente en el ámbito de la salud física es la psicomotricidad y la prevención de enfermedades propias del sedentarismo, pero podemos hablar también de mejor coordinación, velocidad, agilidad, reflejos. En la salud mental, la autoestima, autoeficacia, la tolerancia, la resiliencia, el aguante son otras de las competencias que se adquieren.[122] Más allá de lo individual, hay beneficios colaterales para la naturaleza y para la sociedad por mantener una exposición sana al riesgo. Las personas que se enfrentan a ellos en edades tempranas y en el medio natural crean un vínculo fuerte y duradero que hace que les insufla un firme deseo de proteger aquello que les trajo tantas experiencias significativas. Por otro lado, gracias a las habilidades sociales adquiridas de cooperación, empatía, tolerancia y resiliencia, se convierten en líderes natos que contagian a otros en su deseo de crear un mundo mejor.[123] Devienen así, por usar el lema de nuestra

---

122. Véanse, por ejemplo: Harper, N. J. (2017). «Outdoor risky play and healthy child development in the shadow of the "risk society": A forest and nature school perspective». *Child & Youth Services*, *38*(4): 318-334, o McCurdy, L. E., Winterbottom, K. E., Mehta, S. S., y Roberts, J. R. (2010). «Using nature and outdoor activity to improve children's health». *Current problems in pediatric and adolescent health care*, 40(5): 102-117.

123. Véanse, por ejemplo: Chawla, L. (2020). «Childhood nature connection and constructive hope: A review of research on connecting with nature and coping with environmental loss». *People and Nature*, 2(3), 619-642, o Moss, L. (2012) *Natural childhood*. The National Trust, Swindon, Reino Unido.

escuela, la Escuela Saltamontes, «mejores personas para un planeta mejor».

Análisis riesgo-beneficio en la escuela

Hasta ahora solo nos hemos ocupado de caracterizar minuciosamente el riesgo y elegir la mejor manera de gestionarlo, para aprovecharlo al máximo. También sabemos que, por muchas razones, enfrentarse a los riesgos es beneficioso a corto y largo plazo. Proporciona aprendizajes, placer y es estimulante; mejora la salud y el bienestar. El análisis riesgo-beneficio junta estas dos ideas y permite determinar si un riesgo específico tiene un beneficio (o varios) tangibles. Este tipo de análisis permite entender, por un lado, y justificar, por otro, la aceptación de un riesgo y el modo de gestionarlo. En la cultura de la litigación que vivimos, especialmente en el ámbito escolar, es esencial poder argumentar científicamente las razones que nos han llevado a aceptar un riesgo. Hay mucha insistencia por parte de las familias, la dirección de las escuelas o incluso los sindicatos hacia los docentes para que no salgan a la naturaleza con los niños. Son ya numerosos los autores que denuncian esta presión,[124] que va en

124. Gill, T. (2010). «Nothing Ventured...». *Balancing Risks and Benefits in the Outdoors.* English Outdoor Council, Gwynedd, Reino Unido; Nikiforidou, Z. (2017). «Risk literacy: Concepts and pedagogical implications for early childhood education». *Contemporary Issues in Early Childhood*, 18(3), 322-332; Solly (2015). *Op. cit.*; Stan, I., y

contra de una actividad que debería considerarse no solo segura, sino saludable y sostenible.

Para tranquilidad de todos los implicados, el análisis riesgo-beneficio puede ayudar a explicar las razones de nuestra elección ante la dirección, las familias, la inspección o cualquier otra instancia. El uso de evidencias científicas, en cambio, podría ser la diferencia entre que nos dejen hacer o no. Hay abundante investigación sobre los beneficios del juego de riesgo y de la conexión con la naturaleza a través del juego libre, sobre todo en la infancia temprana (que es la que más nos preocupa), que describe experiencias en escuelas de todo el mundo. Estudiar estos trabajos nos ayuda no solo a sentirnos fuertes en nuestros zapatos, sino a justificar algo que muchos ya intuíamos solo con observar a los niños. Una ficha de análisis riesgo-beneficio[125] como la del ejemplo que ofrezco en la tabla 7 debería incluir varios descriptores que completan la identificación, caracterización y gestión

---

Humberstone, B. (2011). «An ethnography of the outdoor classroom– how teachers manage risk in the outdoors». *Ethnography and Education*, 6(2), 213-228. Aunque el contexto anglosajón sea posiblemente más exagerado, en España no les vamos muy a la zaga.

125. El análisis riesgo-beneficio es una parte fundamental de la creación y operación de una escuela en el bosque (*Forest School*) en el Reino Unido. Hay abundantes ejemplos de este tipo de análisis en la literatura, que complementan a este: Gill, T. (2013). *Balancing risks and benefits in outdoor learning and play*. Outdoor Classroom Day, Reino Unido; Gill, T., Power, M. y Brussoni, M. (2019). *Risk benefit assessment for outdoor play: A Canadian toolkit*. Child & Nature Alliance of Canada, Ottawa; Sills, Z. y Watkins, S. (2025). «The power of risky play in the early years». SAGE, Londres, o Solly (2015). *Op. cit.*

de los riesgos, para optimizar los beneficios que podremos obtener de ellos. Cuanto más detallado sea, más afinada la gestión y mayores las ventajas.

Cuando realizamos este tipo de análisis, somos plenamente conscientes de los beneficios que se obtienen de enfrentarse a un riesgo, de un modo cualitativo y riguroso. Es cierto que rellenar estas fichas, formar e informar a todos los implicados, preparar protocolos, etc., es tedioso. Hay que hacerlo, además, para cada una de las situaciones que nos podemos encontrar, que no son pocas. Pero una vez hecho el esfuerzo inicial, solo hay que actualizar la información, afinarla a medida que vamos adquiriendo experiencia y, por tanto, permitiendo que los niños —y por efecto multiplicador, la sociedad— se beneficien de ello.

Tabla 7. Ejemplo de análisis riesgo-beneficio

Descriptor	Contenido	Ejemplo
Información general		
Datos técnicos	Descripción del centro y del grupo. Debe incluir los nombres de las personas responsables	Escuela en la naturaleza con n niños de entre 3 y 6 años y n acompañantes, con [Nombre de la persona] como responsable de la actividad objeto de análisis
Actividad	Descripción de lo que se va a analizar	Subir a un árbol

Descriptor	Contenido	Ejemplo
Información del riesgo		
Descripción del riesgo	Indica los riesgos principales y secundarios de la actividad	• Riesgo principal: caída a diferente nivel • Riesgo secundario: sufrir una picadura, enganche con una rama, arañarse...
Tipología del riesgo	Determinar si es intrínseco o extrínseco; estático o variable	• Intrínseco (depende de la actividad y de las personas) • Estático (el árbol no cambia, en general, de un día para otro)
Valoración del riesgo	De trivial a inaceptable, según la matriz Probabilidad × Impacto	Moderado (aunque dependerá de la altura del árbol)
Modelo de gestión del riesgo	Indicar un modelo entre vigilar y evitar	Afrontar
Requisitos para el manejo	Indicar si se necesita preparación o protocolo	• Preparación: acompañamiento seguro • Protocolo de trepa (a redactar por el centro)
Información sobre los beneficios		
Competencias y habilidades	Aprendizajes que se obtienen de la actividad, mejor si se alinean con el currículo	• Conocimiento del propio cuerpo • Movimiento
Beneficios para el desarrollo	Beneficios para el desarrollo cognitivo, emocional y social	• Autonomía • Autoestima • Resolución de problemas

Descriptor	Contenido	Ejemplo
Beneficios para la salud	Beneficios para la salud física, mental y ambiental	• Agilidad • Equilibrio • Psicomotricidad gruesa
Documentación de apoyo	Aportar evidencias documentales, si las hay[126]	Gathright *et al.* 2018 Gull *et al.* 2018 Harwood *et al.* 2017
Balance riesgo-beneficio		
Resultado	Indicar si es aceptable o no	Aceptable

Pedagogía del riesgo, ¿otra moda?

El contenido de este capítulo, apoyado por los precedentes, es lo que podría definirse como «pedagogía del riesgo». Se trata, al final, de usarlo como elemento de aprendizaje, desarrollo, salud y bienestar. La clave es conocer el riesgo para

126. En este caso, véanse, por ejemplo: Gathright, J., Yamada, Y., y Morita, M. (2008). «Tree-assisted therapy: Therapeutic and societal benefits from purpose-specific technical recreational tree-climbing programs». *Arboriculture & Urban Forestry*, 34(4): 222-229; Gull, C., Goldenstein, S. L., y Rosengarten, T. (2018). «Benefits and risks of tree climbing on child development and resiliency». *International Journal of early childhood environmental education*, 5(2): 10-29, o Harwood, D., Reichheld, S., McElhone, S., y McKinlay, B. J. (2017). «"I can climb the tree!" Exploring young children's play and physical activity in a forest school program». *The International Journal of Holistic Early Learning and Development*, 4: 45-62.

que no se transforme en peligro. Mediante ese conocimiento profundo y actualizado, podemos usarlo a nuestro favor, minimizando la probabilidad y el impacto de un posible daño y optimizando los beneficios que obtenemos de él. Es una aproximación que puede aplicarse muy bien en la crianza, en la educación, en el ocio o en intervenciones terapéuticas, como la terapia de juego en la naturaleza o de aventura.[127]

No puede considerarse una moda, como tampoco lo es educar en la naturaleza.[128] Ambos conceptos están íntimamente ligados: la naturaleza proporciona oportunidades de conexión con ella, con los demás y con uno mismo a través del juego de riesgo; ese juego que vemos tanto en casa como en la calle o el campo y que tiene también indudable valor pedagógico en el contexto escolar. Ambos se retroalimentan para darnos salud y bienestar, para formarnos como personas a lo largo de toda nuestra vida. Aprender a través del riesgo en el medio natural es como hemos evolucionado como especie. Solo en los últimos dos milenios hemos pisado aulas y salones de clase para ello. Los cientos de miles de años que hemos necesitado para saber cómo construir un

---

127. Véase por ejemplo: Nash, J. B. (2023). *Nature-based play therapy: A prescriptive approach to integrating the therapeutic powers of nature and play*. Routledge, Londres. Para todas las edades, tenemos: Rose, A. (2012). *Terapia a través de la aventura. Cuando la montaña nos hizo grandes*. Editorial Desnivel, Madrid.
128. Invito a reflexionar sobre ello en mayor profundidad en: Hueso, K. (2021). *Educar en la naturaleza*. Plataforma Editorial, Barcelona.

aula, los hemos pasado aprendiendo de la naturaleza, arriesgando nuestro físico e intelecto para llegar hasta donde estamos hoy. De ninguna forma se puede ver esto como una moda; es lo que necesitamos para sobrevivir como especie, antes de que sucumbamos al tedio y a la estulticia que nosotros mismos nos imponemos en aras de una seguridad cortoplacista y mal entendida.

La pedagogía del riesgo difiere de la prevención de riesgos, precisamente, en este enfoque: se trata de aprovecharlos, no de evitarlos. Mientras que la evitación es la estrategia más común en el ámbito profesional, empresarial y político, en la pedagogía del riesgo se persiguen estrategias intermedias como aceptar, afrontar o mitigar el riesgo, según en qué situación nos encontremos. Es necesario comprenderlo en profundidad, más allá de los cálculos numéricos de probabilidad que podamos hacer, con la subjetividad que implica la percepción que tenemos cada uno de él y los sesgos cognitivos que puedan afectarnos en cada momento. La pedagogía del riesgo ofrece, por tanto, herramientas muy diversas que afinan el uso de este para beneficio no solo individual, sino colectivo; para que seamos mejores personas no solo ahora, sino también en el futuro.

7.
Los ricsgos con R mayúscula

«Toma riesgos calculados. Eso es muy diferente
a ser imprudente».

GEORGE S. PATTON

Cerraba el capítulo anterior hablando sobre cómo podemos
ser mejores personas en el futuro, gracias a la pedagogía del
riesgo. En este, más breve, quiero dedicar unas líneas a los riesgos que empiezan con R mayúscula, esos que amenazan con
acabar con ese futuro para el que trabaja la pedagogía del
riesgo. Aquí me detendré en aquellos sobre los que apenas
tenemos control, ni siquiera mediante protocolos de actuación; nos salimos, por tanto, del ámbito doméstico o escolar, pero son igualmente relevantes en nuestra vida diaria.
Podemos pensar en protocolos de reacción ante determinadas situaciones. De menor a mayor grado de posible impacto, podemos pensar en los riesgos típicos de la vida en la
ciudad, en los riesgos ambientales y naturales y, finalmente,
en los existenciales. Con todo esto, ¿tiene sentido tratar de
sobrevivir al siglo xxi? Veámoslo.

Riesgos de una vida urbanita y acelerada

El apagón que sufrió la Península Ibérica en abril de 2025 puso de manifiesto muchas de las vulnerabilidades de la vida en la ciudad. En primer lugar, la dependencia absoluta del suministro eléctrico. Sin él, los semáforos se apagaron y el tráfico se autorreguló merced a la buena voluntad de los conductores y viandantes, que contaban con la luz solar como aliada. El transporte público dejó de funcionar, excepto los autobuses que aún tenían combustible; muchas personas tuvieron que caminar kilómetros de vuelta hasta su casa, sin poder avisar a sus allegados, porque las telecomunicaciones estaban cortadas. Los hospitales pudieron funcionar con grupos electrógenos. Las tiendas no podían vender con tarjeta y tampoco podían cerrar la cancela, por ser esta casi siempre eléctrica, siendo así vulnerables a robos. La sombra del saqueo empezó a planear a medida que atardecía. Por suerte, se restableció el suministro a primera hora de la noche, por lo que todo quedó en una jornada para el recuerdo, sin mayores consecuencias en general. Sin embargo, el Gran Apagón sirvió para pensar en los grandes males de la vida urbana: el tráfico, las prisas, la inmediatez. Fuimos conscientes de la dependencia que tenemos del coche, de las compras de última hora, del móvil para todo. Si la situación se hubiera prolongado, habríamos tenido problemas mucho más serios de suministro de alimentos y medicamentos, interrupción de tratamientos médicos o transacciones financieras. No habríamos tenido acceso a agua potable al cabo de poco tiempo. Los saqueos se generalizarían y, con ellos, aumentarían la inseguridad y la violencia. Nos dimos cuenta de que estuvimos a pocas horas de vivir todo eso.

¿Cómo podemos estar mejor preparados para esta contingencia? Hacer acopio de alimentos, agua y medicinas solo ayudará un tiempo. Tener un huerto o animales de granja es igualmente limitado. El suministro de recursos vitales depende de factores tan fuera de nuestro alcance que poco más podemos hacer. Igual sucede con el transporte: quien tenga la suerte de vivir cerca de su trabajo puede ir a pie o en bici, pero yo, que tengo que recorrer 50 kilómetros, dependo del todo de otros medios de transporte. Y para poder hacer pagos sin depender del móvil, viene bien disponer de algo de efectivo en casa, pero tampoco es cuestión de rellenar el colchón con billetes.

Quizás uno de los males más comunes de la ciudad, y contra el que sí podemos prepararnos, es la inseguridad. Aquí sí, se trata de evitar la situación. Tendemos a pensar que saber pelear es garantía de seguridad, pero nada más lejos de la realidad. Tener cierto dominio de algunas artes marciales no siempre salva de hurtos y robos, así que debe haber otros factores para tener en cuenta. Gavin de Becker, experto en seguridad personal, da muchas pistas sobre cómo mejorarla en nuestro día a día.[129] Habla de la importancia de percibir

---

129. Para quien quiera profundizar, recomiendo su libro: de Becker, G. (1999). *El valor del miedo*. Ed. Urano, Barcelona.

todo lo que sucede antes de un posible incidente, de todas las señales que recibimos de forma inconsciente (lo que él llama «indicadores preincidente») y de cómo podemos anticiparnos mediante la intuición y la percepción. Su lema es «escúchate a ti mismo». La buena noticia es que se puede entrenar lo que en inglés se conoce como «*situational awareness*» (conciencia de la situación), pues aún operamos con el cerebro que recibimos de nuestros antepasados, preparado para competir y luchar por los recursos. De Becker nos enseña a leer las señales, dado que muchas veces están disfrazadas de asertividad, amabilidad o encanto. Es muy probable que en algún momento la intuición nos avise de que algo no anda bien. Lo hace de muchas maneras: un sentimiento de incomodidad (ese chico se me está acercando mucho), duda (no creo que sea buena idea meterme con él en el coche), sospecha (esa mano en el bolsillo abulta mucho, podría llevar un arma) y, por supuesto, la aprensión, la ansiedad o el miedo sin aparente causa. Podemos desconfiar de alguien que hace demasiadas preguntas o que son inapropiadas, no tiene prisa por marchar o te mira con insistencia. Una estrategia clásica es ofrecer ayuda irrelevante para engancharnos. Si somos capaces de predecir el comportamiento a partir del contexto (me subo al coche de mi amigo, pero no al de un desconocido), también podemos reconocer el contexto a partir del comportamiento (una persona demasiado amable, demasiado solícita, en un lugar que no corresponde). Y, de esta manera, evitar entrar en situaciones difíciles, mucho antes de que sea necesario el enfrentamiento físico.

Muchas ciudades están apostando por un modelo de urbanismo más amable, seguro e inclusivo. El urbanismo moderno, que nace con la Carta de Atenas, promueve una zo nificación de la ciudad en sectores con diferentes usos,[130] que dificultan la integración y participación social. De carácter funcional y racional, sirve sobre todo al modelo productivo de viajes de casa al trabajo y vuelta, trayecto lineal que suelen hacer los hombres. Las mujeres tienen además que compaginarlo con el cuidado de los niños, de sus padres, médicos, compras y recados, lo que les obliga a realizar itinerarios más largos, circulares y fragmentados, aumentando así su vulnerabilidad.[131] De hecho, como indica la geógrafa experta en género Leslie Kern, muchas de las decisiones de las mujeres sobre nuestros movimientos en la ciudad e incluso el trabajo que decidamos desempeñar, están mediadas por el miedo, algo que además parece que aceptamos como un hecho de la vida. En sus palabras, «las mujeres luchan a diario con los problemas creados por las ciudades construidas

---

130. La Carta de Atenas es un manifiesto urbanístico nacido del IV Congreso Internacional de Arquitectura Moderna (CIAM) que se iba a celebrar en Moscú, pero por problemas con la organización, tuvo su sede a bordo del buque *Patris II*, que cubría la ruta Marsella-Atenas-Marsella. Se firmó en 1933, pero no se publicó hasta 1942. La Carta de Atenas marcó la configuración del urbanismo moderno con sus cuatro ejes «habitar, circular, trabajar, recrearse», pero no tuvo en cuenta la necesidad de permeabilidad entre ellos.

131. Según refieren en: Col·lectiu Punt 6 (2023). *Urbanismo feminista. Por una transformación radical de los espacios de vida*. Virus Editorial, Barcelona.

por hombres».[132] Mediante la configuración urbana se pueden evitar situaciones de inseguridad para este y otros colectivos vulnerables, como los niños o los mayores. Esto incluye la disposición de las calles, la colocación del mobiliario urbano o incluso las rutas y horarios de transporte público. Un ejemplo son las paradas de autobús con cristalera y sin paredes, que protegen de la lluvia, pero permiten ver lo que sucede dentro de ellas. O los autobuses nocturnos que paran a demanda, por ejemplo, en el punto más cercano a la casa de quien lo solicite y evitar que tenga que recorrer un camino largo hasta ella, desde la parada oficial.

Para los niños, este modelo de urbanismo inclusivo promueve los caminos seguros al colegio, plazas y calles peatonales donde puedan jugar e incluso acuerdos con el comercio local que, pegatina en el escaparate mediante, indican a los niños del barrio que allí pueden pedir ayuda. El ya citado experto en riesgo en la infancia, Tim Gill, llega a decir que los niños podrían considerarse una especie indicadora de la adecuada inclusión y accesibilidad del entorno urbano para todos. La presencia de niños en la calle actuaría como un indicador de urbanismo de calidad.[133] Por el momento parece que es más bien una especie que se cría «en cautividad», alejada de sus congéneres salvo en contextos controlados

132. Kern, L. (2021). *Feminist city: Claiming space in a man-made world*. Verso Books, Londres.
133. Gill, T. (2021). *Urban playground: How child-friendly planning and design can save cities*. Riba Publishing, Londres.

por los adultos, y desposeída de su hábitat, que solo puede ver desde la ventanilla del coche, mientras le traen o le llevan sus cuidadores a casa.[134] El pedagogo Francesco Tonucci ha sido siempre el gran defensor del urbanismo inclusivo con la infancia, y ha asesorado a numerosos municipios para mejorar la calidad del juego en la calle. Defiende que el juego en la calle humaniza la ciudad y la hace más segura.[135] La diseñadora Sukanya Krishnamurthy propone también un urbanismo más lúdico, que permita a los niños asumir pequeños riesgos controlados en la calle: pasos de peatones artísticos, parques con elementos para trepar, juegos en las aceras.[136] La calle ya no será tan gris, ni para los niños, ni para los demás.

Gracias a la labor de personas como Gill, Tonucci o Krishnamurthy, hay una creciente demanda de instalaciones de juego con cierto riesgo en las ciudades. En Southbank, un barrio de Melbourne, Australia, hay una plaza llena de rocas de gran tamaño, unidas por puentes colgantes y escaleras de aluminio. Las rocas tienen asas de metal que ayudan a treparlas. No hay barreras de seguridad ni arneses para los que

134. Denuncia que hacen en: Román, M., y Pernas, B. (2009). *¡Hagan sitio, por favor!: la reintroducción de la infancia en la ciudad.* Organismo Autónomo Parques Nacionales, Madrid.
135. En su obra ya clásica: Tonucci, F. (2015). *La ciudad de los niños.* Editorial Graó, Barcelona.
136. Véanse estas y otras recomendaciones de diseño urbano amable con la infancia en: Krishnamurthy, S. (2019). «Reclaiming spaces: Child inclusive urban design». *Cities & Health*, 3(1-2), 86-98.

desean llegar a lo más alto, unos cinco metros sobre el suelo. Se ve a niños bien pequeños arriba, algunas chiquillas con falda y zapatos más apropiados para ir a una celebración. Mike Hewson, artista visual e ingeniero y autor de este y otros espacios similares en Australia, dice que «crea parques de juego en los que cualquier cosa puede salir mal».[137] Se encuentran en el centro de la ciudad y son lugares en los que los niños pueden desarrollar actitudes de exploración y de riesgo, en los que pueden esperar lo inesperado y en los que deben apelar a su creatividad. Están diseñados con la idea de que cualquier cosa, cualquier lugar, sirve para jugar y, en palabras de Hewson, «nada los puede parar». Explorando los riesgos que ofrecen, aprenden a mantenerse seguros. De forma inconsciente, están todo el tiempo valorando los riesgos que supone moverse, y las pequeñas aventuras que viven en ellos son valiosas lecciones para la vida.

Riesgos naturales y ambientales

Uno de los ámbitos de estudio del riesgo con mayúsculas más relevante es aquel relacionado con los desastres naturales y sus hermanas, las catástrofes ambientales, que con frecuencia azotan las ciudades. Su impacto económico y social, creciente frecuencia —en parte por el cambio climático— e

137. Según explica en su charla TEDx «Playing with risk: The dangers of thinking safe», impartida en Sidney, Australia, en 2022.

impredecibilidad, en el caso de los terremotos, los hace un campo de sumo interés para todos los agentes sociales implicados. La experiencia de la DANA de octubre de 2024 nos hace entender la importancia de la preparación. Los riesgos naturales y ambientales no conllevan ningún beneficio; no tiene sentido hacer un análisis riesgo-beneficio. Para empezar, porque no tenemos capacidad para decidir sobre cuándo y cómo suceden, y en muchos casos no disponemos de la información adecuada, ni en tiempo ni en forma. En parte, el impacto de la DANA se agravó por esta razón.

Lo que sí podemos hacer para evitar las consecuencias de una catástrofe ambiental o natural es aplicar estrategias de prevención y adaptación. En primer lugar, es responsabilidad de cada cual estar informado mínimamente de los riesgos de este tipo que tenemos a nuestro alrededor, antes de que un evento los ponga de manifiesto. Entre ellos están los riesgos volcánicos (recordemos La Palma), sísmicos (recordemos Lorca), de inundación (en el Levante, de forma recurrente), de incendios forestales (en general, en el Mediterráneo) o de tsunami (cualquier zona litoral). Las catástrofes ambientales son aquellas que nos llegan por el medioambiente (aire, agua o suelo), pero que parte de la causa que los provoca es la actividad humana. Podemos pensar en un accidente industrial (el caso de Bhopal, en la India, o Seveso, en Italia), en una catástrofe nuclear (Chernóbil y Fukushima) o en un vertido tóxico (Aznalcóllar). Debemos saber qué factores de riesgo tenemos a nuestro alrededor, allí donde vivamos o trabajemos. Esto último es importante también:

muchas de las víctimas de la DANA fallecieron *in itinere*, de vuelta del trabajo. Debemos preparar nuestra vivienda para protegerla de los daños por inundación o incendio, por ejemplo, o saber cuándo dejar de conducir si nos encontramos la carretera cubierta de agua.[138] Muchas casas tradicionales del Levante tienen escaleras externas que llevan a la azotea, pero algunas personas las han sustituido por escaleras interiores, lo cual dificultó una posible vía de escape para las víctimas, porque les obligaba a entrar en la casa para poder subir. Con el agua subiendo tan rápido, esto no fue siempre posible. Con este tipo de medidas reduciremos, al menos, nuestra vulnerabilidad.

También podemos confiar, aunque no delegar del todo, por lo dicho aquí, en los sistemas de aviso que tienen las autoridades. Cada lugar tiene sus costumbres. Antes se empleaban las campanas de las iglesias, que tocaban a rebato cuando había alguna emergencia. Otro sistema son las sirenas en la calle. En España, se ha implantado gradualmente el sistema ES-Alert desde 2023, como parte de la red EU-Alert de la Unión Europea. Se trata de un sistema que envía notificaciones de emergencia a todos los dispositivos móviles que se encuentren dentro de una zona de cobertura específica. Acompañadas de un estridente sonido, aparecen

138. Las autoridades suelen publicar recomendaciones sobre cómo actuar en estas contingencias. La página web de Protección Civil (https://www.proteccioncivil.es/) tiene una colección muy completa de recomendaciones para todo tipo de situaciones de emergencia.

como notificaciones destacadas en la pantalla del teléfono. El sistema cubre más del 90 % de la población en España.

Se suele utilizar, por ejemplo, cuando hay un aviso meteorológico de nivel rojo, el más alto de tres (amarillo, naranja y rojo) que distingue la Agencia Estatal de Meteorología en España (AEMET) para fenómenos adversos.[139] Este sistema en tres niveles es bastante habitual, en otros contextos se describe como aviso, alerta y alarma, y la recomendación en cada caso, por este orden, es: mantenerse informado; estar preparado, es decir, tomar las precauciones necesarias para evitar daños, y, por último, actuar, según lo que indiquen las autoridades.

Con tanto sistema de información y por tantas vías, da la impresión de que estamos siendo bombardeados con toda clase de alarmas, lo que nos infunde una engañosa sensación de un mayor control sobre la incertidumbre. Las catástrofes naturales y humanas seguirán sucediendo; estar preparados frente a ellas no impedirá que ocurran, pero sí que tengamos más probabilidad (que no certeza) de salir bien parados. Los protocolos también se han refinado y hay más situaciones para las que recibimos instrucciones de las

---

139. Con aviso amarillo, el peligro es bajo, pero los bienes y la población vulnerable o en zonas expuestas podrían sufrir algunos impactos; es naranja cuando el peligro es importante y tanto los bienes como la población vulnerable o en zonas expuestas podrían sufrir impactos graves. El aviso rojo indica que el peligro es extraordinario. Los bienes y la población vulnerables o en zonas expuestas podrían sufrir impactos muy graves o catastróficos.

autoridades. Nuestra exposición a cada vez más medios a través, por ejemplo, de las redes sociales, hace que además los avisos puedan parecer redundantes. Todo ello genera un cansancio y un escepticismo, que corre el riesgo de acabar como el cuento del lobo. No obstante, como dice nuestro refranero, «hombre (o mujer) precavido vale por dos», así que mejor dos avisos que ninguno.

Riesgos existenciales

Hace algunas décadas, el riesgo era algo de lo que solo se hablaba en el ámbito profesional, ya fuera en la medicina, las finanzas o la seguridad. Sin embargo, es un asunto que cada vez preocupa más. El ya citado Ben Carson explica que hizo una búsqueda en Google con la palabra *risk*, presumo que un poco antes de publicar su libro en 2008.[140] Le salieron mil millones de entradas. Yo he repetido esa búsqueda en 2025 y me salen cinco mil millones. Desde que comenzó el siglo XXI, estrenado oficiosamente con los atentados del 11-S, el riesgo pasó a ser un asunto de la vida cotidiana. Todos sabemos lo tedioso que es pasar controles para cualquier asunto como consecuencia de ello. A su vez, la pandemia nos enseñó lo vulnerables que somos a un patógeno que no somos siquiera capaces de ver a simple vista, lo que convierte a todo lo que se hable sobre el tema en conje-

140. Carson, B. (2014). *Op. cit.*

tura y especulación. Los fenómenos meteorológicos extremos, cada vez más frecuentes y virulentos merced al cambio climático, han provocado que vivamos pendientes de las alertas meteorológicas y de los incendios forestales. Podemos unir a ello las erupciones volcánicas, terremotos y tsunamis que con cierta frecuencia acaecen en cualquier parte del planeta. A todas estas amenazas, desde el Gran Apagón ibérico de 2025, unimos también la de la falta de suministro energético. En España hemos sufrido varias calamidades de ellas en apenas cinco años (me refiero al lustro 2020-2025): la pandemia de la Covid-19, el temporal Filomena, el volcán de La Palma, la DANA en Levante, el Gran Apagón y los incendios de sexta generación,[141] novedosos hasta entonces.

De momento, ninguno de ellos ha tenido el potencial de causar la extinción de una gran parte o la totalidad de la especie humana, que es lo que se entiende por «riesgo existencial». Hay varias categorías de ellos; algunos son de índole estrictamente natural, como el impacto de un meteorito, la erupción de un supervolcán o un cambio de eje de la Tierra que provoque un cambio climático catastrófico.[142] Están también los riesgos tecnológicos o de origen humano, como la IA fuera de control, el bioterrorismo o la guerra nuclear. Finalmente estarían las catástrofes ambientales, en las que se

---

141. Estos incendios son capaces de generar sus propios patrones meteorológicos, por naturaleza caóticos e impredecibles y, por tanto, muy peligrosos.
142. Cabe preguntarse si una hipotética invasión alienígena es «natural», pues no habría sido creada por el ser humano.

juntan la acción humana y su efecto descontrolado sobre el medio. Ejemplos de ello son las pandemias, la pérdida irreversible de la biodiversidad o el cambio climático.[143] El planeta —la naturaleza— seguirá su camino, pero nosotros, como especie, podemos extinguirnos en cualquier momento. Existe además una cuarta categoría, llamada evento «cisne negro»,[144] que es aquel que no se ha visto venir y para el cual es aún más difícil prever y gestionar el riesgo. El asunto preocupa a ingenieros, economistas, politólogos y psicólogos por igual.

Hay un patrón general en biología que afirma que cualquier especie de mamífero se extingue de forma natural pasado un millón de años de su existencia, fenómeno que se conoce como «ratio de extinción de fondo»,[145] y nosotros ya nos vamos acercando a esa efeméride. Quizás aceleremos un poco el proceso con ayuda del cambio climático, la destrucción de hábitats y, sobre todo, la aceleración de la pérdida de biodiversidad. Por otro lado, el Sol, que se encuentra en su expansión hacia la gigante roja, que será cuando muera como estrella, le quedan más o menos mil millones de años

---

143. Hablo un poco más de estos riesgos en mi libro *Educar en la naturaleza*, por si fuera de interés.
144. Nombrado por: Jebari, K. (2015). «Existential risks: Exploring a robust risk reduction strategy». *Science and Engineering Ethics*, *21*(3), 541-554.
145. Fue descrita por primera vez en Lawton, J. H., y May, R. M. (1994). «Estimating extinction rates». *Philosophical Transactions of the Royal Society of London Series B*, 344 (1307): 1-104.

en un estado que permita la vida sobre la Tierra; a partir de ahí nos abrasaremos... La pregunta no es, por tanto, si nos vamos a extinguir, sino cuándo y cómo.

Volviendo al presente, en el momento de escribir esto nos encontramos en un momento de cierta inestabilidad geopolítica postpandemia. Esto empieza a parecerse mucho a un ensayo general... Este es un asunto más serio de lo que parece, universidades como Cambridge, Oxford o Stanford tienen centros de investigación que se dedican al seguimiento y análisis de estos riesgos y el Foro Económico Mundial publica todos los años el Informe Global de Riesgos.[146] Dada su envergadura, entramos ya en el ámbito de lo filosófico, aunque hay quien sugiere, al menos, una actitud concreta frente a ellos, que se ha bautizado como «*maxipok*».[147] Viene a decir que se trata de asumir que «todo saldrá bien», frente al principio más habitual, conocido como «*maximin*», de elegir «el mejor peor escenario posible», es decir, actuar de manera que la extinción ocurra lo más tarde posible. Con el primer escenario, se especula con que haya una posible recuperación cíclica tras cada evento de colapso, como ha sucedido con los eventos masivos de extinción, cosa que el segundo no contempla. A los demás mortales, me temo que solo nos cabe esperar noticias y, ojalá, instrucciones.

146. Cavaciuti-Wishart, E., Heading, S., Kohler, K. y Zahidi, S. (2024). *The global risks report 2024. Insight report.* World Economic Forum, Cologny / Ginebra, Suiza.
147. Véase: Bostrom, N. (2013). «Existential risk prevention as global priority». *Global Policy*, 4(1), 15-31.

Mientras eso sucede, Europa se ha lanzado a una carrera preparacionista sin precedentes desde la Guerra Fría. Los diferentes Estados miembros están aumentando sus presupuestos de defensa, se vuelve a hablar del servicio militar obligatorio y nos instan a compilar un paquete de emergencia para poder sobrevivir 72 horas sin ayuda externa. Los países escandinavos ya tenían páginas web con consejos útiles, el contenido recomendado para el paquete en cuestión y consejos para actuar en caso de todo tipo de emergencias (catástrofes naturales, ambientales, tecnológicas, bélicas...). En los Estados Unidos, cuna del movimiento preparacionista (*preppers*, en inglés), hay abundante material sobre preparación ante desastres, adaptado para diferentes niveles curriculares y en múltiples idiomas.[148] No son pocas las empresas que han sacado partido de ello y te venden el kit ya preparado, a un clic de distancia de tu casa. Nuestras autoridades, en cambio, no ofrecen mucha información al respecto.

Ulrick Beck, sociólogo y destacado teórico sobre el riesgo, va más lejos. Él considera improbable que el ser humano sobreviva al siglo XXI sin caer en el barbarismo.[149] Dado que esto lo dijo en los años ochenta, y viendo ahora un boletín de noticias cualquiera, uno podría pensar que estaba en lo cier-

---

148. Invito a visitar la página https://www.ready.gov/kids, francamente completa.
149. Beck, U. (1998). *La sociedad del riesgo. Hacia una nueva modernidad.* Ediciones Paidós, Barcelona.

to. Cree que estamos más en riesgo que nunca por las amenazas globales que experimentamos. Cierto es que se perciben como sucesos a mayor escala, por la globalización. El medioambiente, por ejemplo, es más vulnerable porque lo que le sucede tiene lugar a escala planetaria. El ejemplo más evidente es el cambio climático, frente a problemas de ámbito más regional como el agujero de la capa de ozono o la lluvia ácida, que eran más prominentes en la época en la que Beck lo escribió y que ahora están mejor controlados. Sin embargo, la complejidad y alcance del cambio climático superan con mucho los problemas anteriores. Algo parecido sucede con los conflictos o incidentes geopolíticos, que pueden alcanzar a cualquier nación en cuestión de minutos. Recuérdese el infarto comercial que causó el buque *Evergreen*, que atascó el canal de Suez durante menos de una semana en 2021, logrando paralizar el 10 % del comercio mundial, o la guerra de aranceles de Donald Trump, que tuvo en vilo a todo el planeta en 2025 y lo sigue teniendo a fecha de escribir estas líneas. Amenazas actuales incluyen las crecientes desigualdades socioeconómicas en ciudades cada vez más pobladas y el rápido desarrollo tecnológico en manos de empresarios poco conocidos por su consideración al prójimo. También lo son las catástrofes naturales que aumentan de intensidad y frecuencia alimentadas por un clima cada vez más caótico.[150] Al mismo tiempo, vivimos en una época de

150. Ya hay estudios que relacionan esa mayor virulencia con el cambio climático, como este: Pausas, J. G., y Keeley, J. E. (2021).

gran paz y prosperidad, al menos algunos de nosotros. Y otros, como ya explicó el epidemiólogo Hans Roslin en sus famosas y vistosas charlas TED,[151] están camino de alcanzarlas pronto. Esa es, paradójicamente, nuestra gran vulnerabilidad. Tenemos mucho que perder.

Sobrevivir en y al siglo XXI

He hablado repetidas veces en mis libros sobre la utilidad pedagógica de las técnicas básicas de supervivencia. Lo sabían los *scouts*, las practican en las escuelas en la naturaleza y ahora hay cursos y libros por doquier que nos enseñan todo tipo de habilidades para este fin. El movimiento preparacionista está cobrando mucha fuerza en el mundo. Antes era un perfil de personas con ciertos rasgos obsesivos, que buscan la seguridad a toda costa, hacen reseñas en YouTube de lo que llevan en los bolsillos,[152] entrenan a perros de presa en sus ratos libres y salen a comprar el pan con armas de fuego encima. Hay toda una cultura asociada a este movi-

---

«Wildfires and global change». *Frontiers in Ecology and the Environment, 19*(7), 387-395.
151.   Se puede encontrar un recopilatorio de ellas en: https://www. ted.com/playlists/474/the_best_hans_rosling_talks_yo
152.   Lo que ellos llaman EDC o *every day carry*, en inglés. Hay una variante que consiste en meter todo lo que uno necesita para sobrevivir en una caja de caramelos de menta de la marca Altoids (10 × 6 × 2 cm), que se usa como medida estándar para este subgénero.

miento, con estética y jerga propias,[153] y subgrupos como *preppers* urbanos o mujeres preparacionistas, que en vez de navajas llevan tampones y maquillaje en sus minúsculos EDC. Merced a la pandemia, primero, y a las tensiones políticas que han surgido despúes, es un tema que interesa cada vez a más gente. Estos acontecimientos se califican formalmente como de nivel medio, pero consideran que hay que estar preparados para el superior, para lo cual no solo es necesario ir bien equipado por la vida, sino tener un refugio a la altura de las circunstancias. La construcción de búnkeres en viviendas particulares se ha convertido en todo un símbolo de esta cultura, siendo el búnker «la crisálida de la que renacer» tras el colapso de la civilización.[154] No obstante, este perfil ya no es tan lineal; ahora hay muchas personas interesadas en conectar con la naturaleza mediante técnicas de supervivencia, construcción de refugios, recolección de frutos y bayas, cabuyería, etc., de forma más lúdica, pero oye, nunca se sabe...

Otro subgénero interesante es el de la vida autónoma, lo que en inglés llaman «*homesteading*». Aunque en América en general es mucho más fácil desaparecer bajo el radar y vivir aislado en los bosques, en Europa nos fascina esa libertad, pero la practicamos en cómodos fascículos. El que pue-

---

153. Cuando veas las siglas TEOTWAWKI (*The End of the World as We Know It* o «el fin del mundo tal y como lo conocemos»), ya sabes que el evento de extinción global ha llegado.
154. En: Garrett, B. (2021). «Doomsday preppers and the architecture of dread». *Geoforum*, 127, 401-411.

de y quiere, tiene un huerto, paneles solares o gallinas en el jardín. Son cientos los títulos dedicados al cultivo de alimentos, la preparación de remedios caseros, la crianza de animales, la provisión de agua y energía y el aprovechamiento de los residuos domésticos, para poder vivir «*off the grid*», es decir, desconectados por completo.[155]

Hay que tener en cuenta que la mayoría de estos libros están escritos desde una perspectiva anglosajona, la mayoría en el contexto de la naturaleza norteamericana. Aparecen bichos y plantas que son desconocidos y el clima y la orografía son diferentes a los nuestros, por lo que conviene prepararse para el lugar donde uno prevé que lo va a necesitar.[156] Lo que no hay tanto son guías para sobrevivir en entornos urbanos,[157] que es donde será más probable que nos pille un cataclismo, dado que el 74 % de la población de la UE vive en estas zonas, según el Instituto Geográfico Nacional de España.

---

155. Dos clásicos magníficamente ilustrados y reeditados recientemente en un solo tomo son: Seymour, J. (2024). *Guía práctica para el horticultor autosuficiente y la vida en el campo*. Editorial Blume, Barcelona.

156. Ya empieza a haber libros escritos desde el contexto natural ibérico: Gutiérrez, A. (2022). *Técnicas de supervivencia en la naturaleza ibérica. Manual de campo*. Editorial Desnivel, Madrid.

157. Aguirre, F. (2020). *Manual de Supervivencia Urbana: Técnicas y Tácticas de Supervivencia Moderna* (autoedición), o Aklipis, A. (2024). *A field guide to the apocalypse: a mostly serious guide to surviving our wild times*. Workman Adult, Nueva York. Un clásico que abarca situaciones en todo tipo de contextos es Gylls, B. (2017). *How to stay alive. The ultimate survival guide for any situation*. Bantam Press, Londres.

Seamos o no preparacionistas, lo cierto es que en la palabra está implícito el conocimiento que necesitamos para mantenernos en vida ante cualquier circunstancia. Forma parte de la gestión de los riesgos con mayúsculas: catástrofes, cataclismos y desastres varios. Como todo en esta vida, una buena dosis de información, pero sin obsesión, nos llevará muy lejos. El sentido común de toda la vida, enriquecido con herramientas y materiales actuales y adecuados para nuestra situación, es el conocimiento que necesitamos para que el riesgo no se deslice hacia la zona de peligro. Este libro está escrito desde la perspectiva «maxipokiana». Por mucho que Beck nos anuncie una debacle bárbara, soy de la opinión de que nos recuperaremos de ella, gracias en parte al aprendizaje de los pequeños riesgos de la vida, que nos ayudará a afrontar los de la R mayúscula. Y cuando digo *nos*, me refiero a la naturaleza en su conjunto, de la que somos una pequeña pero poderosa parte como seres humanos.

Agradecimientos |

Creo que no he hecho nada más arriesgado en mi vida que criar a mis hijas. Alguien definió la maternidad como una cristalera limpia y lisa que se rompe en mil pedazos y se transforma en una bella vidriera. En ella hay cristales afilados y oscuros y otros son brillantes y luminosos. Juntos forman una imagen que solo puede apreciarse con la mirada del artista que la compuso. Esta transformación es el hilo conductor de este libro. Como riesgo, sin duda, la experiencia de la crianza me ha traído un gran beneficio y por ello quiero dedicar este trabajo a mi pareja y a mis hijas. También quiero agradecer la que yo recibí de mis padres, a quienes puse en aprietos más de una vez con mi gusto por el riesgo. Me gustaría aprovechar para reconocer a todas las personas e instituciones que me han cuestionado a lo largo del tiempo, porque me han obligado a enfrentarme a los riesgos con cabeza y a argumentar su elección con rigor y solidez. Me acompaña en todo esto la naturaleza, que me rodea y, al mismo tiempo, llevo dentro. Me ha permitido reposar, digerir y madurar las experiencias, enseñándome a abrazar la paciencia y la compasión como filtros para afrontar los avatares de la vida y aceptar la incertidumbre que la acompaña.

Bibliografía |

Muestro aquí una recopilación de la bibliografía más relevante que he consultado para la preparación de este libro. Todos estos trabajos están citados donde corresponde, pero aquí os ofrezco en dos listados temáticos para facilitar la labor de síntesis y selección. ¡Espero que os resulte útil!

Sobre el riesgo en general:

Adams, J. (1995). *Risk*. Routledge, Londres.
Apter, M. (2007). *Danger: our quest for excitement*. Oneworld Publications, Oxford
Carson, Ben (2014). *Corre el riesgo: Aprenda a identificar, elegir y vivir con un riesgo moderado*. Ed. Vida, Madrid.
De Sutter, L. (2024). *Elogio del peligro*. Herder, Barcelona.
Dufourmantelle, A. (2020). *Elogio del riesgo*. Nocturna Argentina, Buenos Aires.
Gardner, D. (2009). *The science of fear. How the culture of fear manipulates your brain*. A Plume Book, Londres.

Gigerenzer, G. (2014). *Risk savvy. How to make good decisions*. Allen Lane, Londres.

Harris, R. (2023). *The Art of Risk: What we can learn from the world's leading risk-takers*. Scribner, Londres.

Le Breton, D. (2021). *Sociología del riesgo*. Prometeo Libros, Buenos Aires.

Marcolongo, A.; Franceschi, P., y Finaz, L. (2023). *Le goût du risque*. Grasset, París.

Sukel, K. (2016). *The art of risk. The new science of courage, caution and chance*. National Geographic, Washington D.C.

Sobre el riesgo en la infancia, la escuela y en la naturaleza:

Anderegg, D. (2004). *Worried all the time: Rediscovering the joy in parenthood in an age of anxiety*. Free Press, Nueva York.

Ayora, A. (2019). *Gestión del riesgo en montaña y actividades al aire libre*. Editorial Desnivel, Madrid.

Gill, T. (2007). *No fear. Growing up in a risk averse society*. Calouste Gulbenkian Foundation, Londres.

Elkind, D. (2007). *The hurried child. Growing up too fast too soon*. Da Capo Press, Cambridge, MA, Estados Unidos.

Furedi, F. (2002). *Paranoid parenting. Why ignoring the experts may be the best for your child*. Chicago Review Press, Chicago, Estados Unidos.

Guldberg, H. (2009). *Reclaiming childhood. Freedom and play in an age of fear*. Routledge, Londres.

Lindon, J. (2011). *Too safe for their own good?: Helping children learn about risk and life skills.* Jessica Kingsley Publishers, Londres.

Solly, K. (2015). *Risk, challenge and adventure in the early years. A practical guide to exploring and extending learning outdoors.* Routledge, Londres.

Su opinión es importante.
En futuras ediciones estaremos encantados
de recoger sus comentarios sobre este libro.

Por favor, háganoslos llegar a través de nuestra web:

www.plataformaeditorial.com

Para adquirir nuestros títulos,
consulte con su librero habitual.

«I cannot live without books».
«No puedo vivir sin libros».
THOMAS JEFFERSON

Desde 2013, Plataforma Editorial planta un árbol
por cada título publicado.

Miguel Salas Díaz
CRECER EN EL ASOMBRO
La emoción olvidada

Plataforma Editorial

Una guía para que niños y adultos
redescubran la belleza en lo cotidiano
y despierten a una vida más plena

Con ejercicios prácticos y un enfoque accesible, este libro
es una invitación a transformar nuestra forma de vivir y educar,
enseñándonos a mirar el mundo con ojos nuevos y a transmitir
la habilidad del asombro a las próximas generaciones.

¿Es posible educar sin gritar, sin ceder ni rendirse?
Francisco Castaño demuestra que sí. Con una mirada
honesta y profundamente humana, combina disciplina positiva,
educación emocional y límites firmes para ayudar a las familias
a educar con amor y claridad.